AF484090

HUMANIDADES CLÁSICAS, LEGADO PERENNE

Historia, valores, propuestas

Fernando Tamayo, L.C.

HUMANIDADES CLÁSICAS, LEGADO PERENNE

Fernando Tamayo, LC

Legionarios de Cristo, A.R.
Av. Universidad Anáhuac 11
Lomas Anáhuac
Huixquilucan
Estado de México
CP 52760

INTRODUCCIÓN

Escribir sobre humanidades es, actualmente, un riesgo, una necesidad y un compromiso. Un riesgo porque hay muchas opiniones y experiencias sobre el tema a lo largo de la historia y, sobre todo, desde la segunda mitad del siglo XX. Un riesgo, también, porque los tiempos son malos para la defensa y el cultivo de las humanidades: la cultura humanística no es rentable y se busca más la preparación técnica y la formación especializada. En un reciente encuentro dos filósofos actuales comentaban: "Las universidades educan para crear empleo y no para formar ciudadanos cultos."[1]

Y además porque las humanidades cuentan muy poco o nada en los gobiernos, en los distintos grupos políticos y en gran parte de los centros académicos: "Algunos dicen que las humanidades se hallan en un problema y tienen algo de razón. La pérdida de un canon -reconocido generalmente- de grandes obras, la desaparición de un currículo de humanidades básico en las más grandes universidades, la devaluación de las humanidades en favor de lo que parece como la verdad superior en las ciencias sociales, biológicas y físicas, la inmensa lentitud de las humanidades respecto a la seductora rapidez

---

[1] EMILIO LLEDÓ Y NUCCIO ORDINE, *El utilitarismo de la enseñanza*, Reencuentro en Madrid, El País, 20 de septiembre de 2021.

y la limpia capacidad de las nuevas tecnologías, todo contribuye a la creencia de que las humanidades son de algún modo menos reales, tangibles, útiles o necesarias que otras formas de ser, hacer y actuar en el mundo."[2]

Una necesidad, porque en nuestra época es fácil perder el rumbo en temas esenciales, y uno de ellos -en el que hemos dado pasos en direcciones distintas y hasta opuestas- es el del humanismo y su relación con las humanidades. Y porque la mayoría de las carreras, de las universidades y de los estudios medios de las distintas naciones han aumentado ampliamente la oferta de profesiones científicas y técnicas -necesarias para el desarrollo y el bienestar de las sociedades-, olvidándose o simplemente prescindiendo de las humanidades en sus planes de estudio, sin ser conscientes de que de este modo el hombre y la sociedad pierden coordenadas fundamentales para aprender sabiduría, que va más allá de los conocimientos técnicos y científicos y orienta al hombre en su tarea de ser mejor hombre y de formar una mejor sociedad.

Una necesidad también porque es frecuente constatar que muchos buenos profesionistas (ingenieros, arquitectos, empresarios, programadores informáticos,

---

[2] R. HOWARD BLOCH, *Good Uses of the Humanities in Bad Times*, Humanities Program, Yale U., Read 17.Nov.2011.

políticos, sacerdotes...) escriben con faltas de ortografía, tienen carencias muy importantes de cultura general como historia, literatura, arte; así, se comprenden respuestas como las dos siguientes: "Leonardo da Vinci es el nombre del aeropuerto de Roma", o "Leonardo, Rafael y Miguel Ángel son coetáneos porque nacieron en Coetánea". Y tampoco han desarrollado en su formación el campo de la expresión oral y escrita, y ante un auditorio no son capaces de construir un discurso lógico, con propiedad de vocabulario, rico en imágenes y en sensibilidad, simplemente porque no han estudiado humanidades en su carrera universitaria.

Y un compromiso, porque el autor ha dedicado cuarenta años de su vida al estudio, reflexión y enseñanza de las humanidades. Y desea ofrecer su experiencia a la consideración del lector, sobre todo si éste tiene que ver con la organización de los programas académicos de centros de estudio, de universidades y de las naciones.

Soy consciente de que puede parecer una utopía inalcanzable, sobre todo porque los centros de enseñanza media y superior tienen unos programas establecidos que distan mucho de los valores e ideales proclamados por los clásicos grecolatinos. Pero también sé que, con buena voluntad, sensatez y visión de futuro habrá personas que puedan influir en los distintos niveles educativos para acercarnos a estos valores e ideales, con la flexibilidad y progresión que consideren oportunas.

¿De qué humanidades se trata? De unas humanidades que enseñen un pensamiento estructurado y crítico, aporten contenidos culturales universales importantes y preparen para expresarlos con corrección y eficacia. De unas humanidades que nacieron y crecieron bajo la benéfica influencia de aquel dicho de Terencio: "Soy hombre: nada de lo humano me es ajeno".[3] De unas humanidades que contribuyan al desarrollo integral de la persona en sus distintas facultades: su inteligencia, voluntad, imaginación, memoria, sensibilidad interna y externa. De unas humanidades que den un contenido cultural básico y universal al bachiller y al estudiante universitario. De unas humanidades que valoren las realizaciones culturales del pasado y del presente y capaciten para apreciar debidamente las aportaciones del futuro. De unas humanidades conscientes de su historia dos veces milenaria, respetuosas y abiertas que pueden tener como lema: "Enriquecer y perfeccionar lo antiguo con lo nuevo."[4]

---

[3] TERENCIO, "Homo sum: humani nihil a me alienum puto", *Heautontimoroúmenos,* I, I, 54.

[4] LEÓN XIII, "Vetera novis augere et perficere", Encíclica *Aeterni Patris,* 4 de agosto de 1879.

Iré desglosando el concepto de humanidades en las páginas de este estudio, con la esperanza de que resulte iluminador y útil para directivos, docentes y alumnos de enseñanza media y universitaria. Todos ellos son los destinatarios de estas páginas, cada uno según su nivel de responsabilidad en la organización, implementación o asimilación de los programas académicos correspondientes. No es sano ignorar la senda que han recorrido hombres y mujeres sobresalientes en la historia de la humanidad por sus ideales y valores universales, educados en la escuela de los clásicos, como Sócrates, Platón, Aristóteles, Safo, Cicerón, Virgilio, Horacio, san Agustín, san Jerónimo, san Juan Crisóstomo, santa Hildegarda de Bingen, Dante, Petrarca, Boccaccio, Erasmo, Luis Vives, Cervantes, Fray Luis de León, santa Teresa de Jesús, Milton, Shakespeare, Sor Juana Inés de la Cruz, Keats, Víctor Hugo, Molière, Goethe, Schiller, Tolstoi, Soljenitsin, Camus, Saint-Exupéry, Simone Weil...

Soy consciente de lo arduo del tema y de las limitaciones personales por la elección del enfoque y de mis experiencias. Creo y espero que pueda haber reflexiones y enfoques dignos de consideración y de aplicación -aunque sea parcial...- de visiones y sugerencias, buscando siempre buenos resultados que hagan más digna la vida del hombre, de la familia, de la sociedad y de las naciones.

He organizado los capítulos de este estudio como sigue:

1. Después de la Introducción, presento una aproximación inicial a temas como: educación, humanismo, humanidades y educación, humanidades.

2. Luego ofrezco un estudio más detallado sobre la educación y las humanidades en la historia, recorriendo de modo particular las etapas de Grecia y Roma, Renacimiento, Reforma, Época contemporánea.

3. Posteriormente desarrollo valores formativos claves de las humanidades.

4. A continuación aparece una síntesis de la metodología de las humanidades.

5. Viene después la exposición de una experiencia detallada de un programa de humanidades clásicas en vigor durante casi medio siglo, aproximadamente de 1960 a 2010 en Salamanca, España.

6. Presento luego frutos importantes que se esperan del estudio y asimilación de las humanidades.

7. Por último repaso diversos modelos de humanidades y sugiero varias propuestas para aplicar

hoy día el programa de humanidades durante el bachillerato preuniversitario, de modo paralelo con diversas carreras universitarias, como carrera universitaria y como maestría.

Dejo en la conclusión tres sugerencias: una para los responsables de los programas académicos, otra para los profesores, la última para los alumnos. Poniendo cada uno su parte, será más verdadera la aplicación al buen humanista del conocido verso de la canción napolitana "Santa Lucía", de Teodoro Cottreau. Él se refería a la ciudad de Nápoles. Con razón podemos extenderla también a todo aquel que se acerca con espíritu abierto a los autores clásicos: "Tú eres el imperio de la armonía".

Agradezco las valiosas aportaciones escritas y dialogadas de mis colegas Antonio Herrero, Devin Roza, Antonio Rivero, Fernando Villaseñor, Evanibaldo Díaz, Miguel Ángel de la Torre, Andreas Kramarz, Louis D., Salvador Antuñano, Edward Mulholland y Manuel Tovar. Reconozco que sin su oportuna y franca colaboración y sin su aliento esta obra no habría alcanzado su rostro definitivo.

I. EDUCACIÓN, HUMANISMO, HUMANIDADES

Parto de la presentación de varios conceptos importantes, implicados entre sí y en el tema central de este libro: las humanidades. Estos términos son: educación, humanismo y humanidades.

1. Educación

Los griegos llamaban *"paideia"* a la educación. En realidad, la palabra significa "infancia", que era la primera etapa por la que se guiaba al niño (*"pais"* en griego) hasta su mayoría de edad como ciudadano (*"polites"* en griego). La educación en la Grecia clásica era muy simple, pues muchas cosas se desconocían (teoría de la expresión oral o escrita) o no habían ocurrido aún (historia, literatura, arte, filosofía).

Un griego era entonces educado cuando estudiaba a Homero: allí aprendía la lengua propia, gramática, retórica, los valores que encarnaban los distintos personajes (dioses y héroes). Si a ello añadían música y gimnasia, el resultado era un ciudadano culto en su época. Con el paso del tiempo, además de Homero, también los griegos produjeron y estudiaron a los grandes poetas trágicos (Esquilo, Sófocles, Eurípides), a grandes historiadores como Heródoto y Tucídides, a los poetas líricos. Los programas escolares iban ensanchándose y ofreciendo una cultura más rica. Atenas era el centro de estas producciones y estudios. Por lo mismo, para Tucídides esa ciudad es "la Grecia de Grecia".[5]

Siglos después se dio el contacto de Grecia con Roma. Al inicio fue violento, de conquista militar por parte de un imperio romano que iba ensanchando sus territorios al este y al oeste, al norte y al sur de Roma, la capital del mundo occidental. Si la victoria militar favoreció a Roma, la espiritual y cultural correspondió a Grecia. Horacio condensó muy bien esta doble experiencia cuando escribió: "Grecia conquistada conquistó al fiero vencedor e introdujo las artes en el agreste Lacio."[6]

Un romano culto del siglo de Augusto (s. I a.C.) debía ahora no solo conocer su lengua materna, la historia de sus antepasados y algunas producciones literarias latinas, con Cicerón y Virgilio al frente, sino también la lengua griega, los grandes hitos de la cultura griega por su importancia y los valores que aportaban a las clases acomodadas de la Roma imperial: Homero, los grandes

---

[5] Cf TUCÍDIDES, *Historia de la guerra del Peloponeso,* II, 41, 1.

[6] HORACIO: "Graecia capta victorem ferum cepit et artes intulit agresti Latio," *Epístolas* II I, 156.

poetas trágicos y los mejores oradores griegos como Demóstenes y Esquines. Consideraban tan importante esta experiencia cultural, que quienes podían iban a Grecia a estudiar durante algunos años, o llevaban a Roma maestros griegos para las distintas disciplinas académicas que les interesaban: gramática, retórica, historia, literatura, filosofía. Con un origen religioso del término *"cultura"* como cultivo y cuidado de los dioses y con el trasfondo campesino de su primitiva historia, los romanos aplicaron el concepto *"cultura"* al campo. Así tenemos como resultado *"agri cultura"* o "cultivo del campo" y educaron al hombre como si fuera un campo: era el "culto", la "cultura" del hombre. Se basaban en la antropología de Grecia y de Roma y apuntaban al desarrollo de lo humano del hombre: su inteligencia, su voluntad, su conciencia, el valor de la persona y de la sociedad.

Un cristiano culto en Occidente desde el siglo II al siglo XIV recoge el ideal de la *"paideia"* griega. Por ello, la Patrística cristiana, en su esfuerzo por unir armónicamente razón y fe, añade, a su formación cristiana, el conocimiento sólido de su lengua (primero era el latín, luego las lenguas romances) y el conocimiento del griego, fruto del contacto directo con los grandes autores que conformaron la cultura y la mentalidad de esas comunidades. Es así como llegan a las distintas regiones de la Europa de entonces los versos de Homero, las historias de Heródoto y Tucídides, las tragedias de Sófocles y los discursos de Demóstenes. Este patrimonio se une a las obras en latín de Cicerón, Virgilio, Tito Livio y Terencio, admiradas y estudiadas en Roma. Ambos legados constituyen el núcleo del cristiano europeo instruido de esos más de diez siglos de nuestra era y ponen las bases de una brillante educación humanística mundial.

En su aspecto cultural, el Renacimiento fue un período de grandes descubrimientos de autores y textos grecolatinos encontrados en distintos monasterios de toda Europa por autores como Dante, Petrarca y Boccaccio. Estos tesoros bibliográficos fueron fruto de la valoración de la cultura grecolatina por parte de la Iglesia y de la admirable paciencia de muchos monjes que transcribieron -a veces sin comprender del todo el texto original- muchos manuscritos valiosos de los autores grecolatinos. A los mencionados anteriormente, hay que añadir las obras de Platón y de Aristóteles y las de muchos otros que salieron de las bibliotecas de los monasterios a las manos de eruditos y de mecenas y, posteriormente, a los colegios y universidades de las distintas naciones de Europa, empezando por la Italia renacentista, hija mayor de la antigua Roma. Ser culto en este período requería más tiempo y dedicación. Ya no se trataba solo de conocer y dominar el propio idioma hablado y escrito (el italiano, el francés, el inglés, el alemán, el español...), la propia historia y literatura, sino de entender el latín y el griego y, a través de ellos, de ponerse en contacto directo con los autores grecolatinos para descubrir y asimilar los valores e ideales que expresaron en sus textos. Por ello estudiaban, aprendían de memoria y comentaban principalmente a Homero, Sófocles, Demóstenes, Platón y Aristóteles entre los autores griegos; y a Cicerón, Virgilio, Horacio, Tito Livio, Tácito y Séneca, entre otros autores latinos importantes.

Los siglos posteriores al Renacimiento coincidieron con el surgir y el auge de la Compañía de Jesús y con la organización de sus colegios mediante un programa académico exitoso durante siglos llamado *"Ratio Studiorum"*. Los alumnos que lo seguían más detenidamente iniciaban en primaria y concluían en bachillerato, unos doce años, de los seis a los dieciocho años de edad. Ser culto se volvió más difícil pues, al latín y al griego con sus autores leídos y comentados, había que añadir la gramática y la literatura del propio idioma, la historia patria y universal, el arte. Aun así, pudiendo los colegios organizar sus programas académicos con gran autonomía en las distintas naciones de Europa, daban tiempos según sus criterios a cada una de estas asignaturas, privilegiando el estudio del latín y del griego por los beneficios que constataban en los alumnos. El principio pedagógico que seguían es aquel adagio latino de Plinio el Joven que continúa siendo válido: *"Non multa, sed multum"*: *No muchas cosas, sino mucho (con profundidad)*.[7]

En el siglo XIX, cuando el Estado tomó bajo su responsabilidad la educación de cada país, juzgó que los alumnos debían recibir una educación más acorde con las necesidades reales del desarrollo de la nación, que no coincidían con la valoración de las distintas disciplinas -sobre todo las humanísticas, juzgadas sobre todo desde entonces como secundarias o suplementarias- que se impartían hasta esa época en los colegios y universidades. En el movimiento pendular de la historia tenía más fuerza un proverbio contrario a la época dorada de la *Ratio Studiorum* de los jesuitas. Ahora lo válido era la frase opuesta, no escrita pero sí practicada: *"Non multum, sed multa"*: *No mucho (con profundidad), sino muchas cosas.*

Si a ello añadimos los grandes avances científicos y tecnológicos del siglo pasado y del presente, -admirables, útiles y necesarios...- comprendemos que convertirse en una persona culta resulte mucho más difícil por la cantidad de nuevos conocimientos en todos los campos del saber y en cada carrera universitaria y, de un modo particular, por la aplicación de criterios distintos en la organización de los estudios primarios y medios

---

[7] PLINIO EL JOVEN, *Cartas,* 7, 9. También empleó esta expresión Quintiliano en *Inst. Orat.* X, 1, 59.

de cada nación y, en algunas naciones, de cada estado dentro de una nación.

No obstante, ser una persona culta no es imposible ni una utopía inalcanzable. Pero para ello hace falta definir el perfil de una persona culta, que pongan su parte las autoridades civiles y los programas académicos correspondientes de las naciones y de las universidades. Y que los alumnos vean este perfil como algo atractivo, enriquecedor y "práctico".

Se trata de comprender y de infundir vida en nuestra época a la definición que dio de educación Christopher Dawson, historiador inglés (1889-1970): "La forma espiritual de una sociedad", destacando, entre otros, estos elementos principales: valores, lengua, costumbres, instituciones, técnicas, artes.

2. Humanismo

Aunque el término como tal sea reciente, de inicios del siglo XIX, el concepto y el ideal son tan antiguos como el hombre homérico. Desde esa remota época griega Homero plasmó en la *Ilíada* y en la *Odisea* un tipo de héroe que era un hombre desarrollado en su cuerpo y en su espíritu, que sabía luchar en combate y tocar la cítara, relacionarse con los dioses y con sus iguales, mandar y obedecer, ser soldado amigo y esposo, defender su honor y ser caballeroso en batalla con el enemigo, ser astuto y cariñoso, buscar la experiencia de lo desconocido y anhelar el hogar… Todas estas notas son parte de los temperamentos de Aquiles, Héctor, Odiseo y de otros héroes que participaron en la guerra de Troya cantada por Homero. Los griegos posteriores vivieron este humanismo y lo plasmaron en el ideal del varón *"kalós kai agathós"*, hermoso y bueno, en una primera síntesis cultural de la relación entre el cuerpo -hermoso- y el alma -buena-. Resultados de este humanismo podemos verlos plasmados en el Zeus Olímpico de Fidias, en el Discóbolo de Mirón, en la firmeza de los espartanos, en el amor por la belleza de los atenienses, en la honestidad de Sócrates…

Roma conoció, admiró y procuró asimilar a su manera este humanismo. Durante el siglo II de nuestra era Aulo Gelio (125-180 d.C.) reflexionó sobre un término entonces nuevo –*"Humanitas", humanidad*, con el sentido de "humanismo"- en el contexto de la educación. Para él, la educación tenía como fin llevar al hombre hasta su verdadera forma.[8]

Desde entonces hasta el siglo XV el humanismo recorre y permea los caminos de Europa en hombres sobresalientes por su sabiduría como san Isidoro, san Beda, la Escuela palatina de Aquisgrán, Escoto Eriúgena,

---

[8] AULO GELIO, *Noctes Atticae* XIII, 17.

san Anselmo, la Escuela de san Víctor, san Bernardo y Abelardo.[9]

Durante el Renacimiento el humanismo, o *"studia humanitatis"*, es una formación liberal centrada en el estudio de la gramática, la retórica, la historia y la filosofía moral; un movimiento intelectual de la época.[10] Algunas de sus notas son: simpatía del hombre por sus semejantes por ser partícipes de la misma naturaleza humana; filantropía y altruismo; benignidad y mansedumbre con los demás; respeto y delicadeza en el trato; compostura y miramiento propios de una persona fina y cortés. Es también la doctrina de hombres intelectualmente destacados de entonces, caracterizados por el conocimiento y cultivo de las letras humanas, fruto del descubrimiento y del estudio gustoso de las literaturas griega y latina. Es, como la llamó O. Kristeller (1905-1999), estudioso alemán y mayor especialista sobre el Renacimiento: "la forma cultural del Renacimiento."[11]

---

[9] Quien desee conocer más a fondo el tema de las humanidades en la Edad Media y la integración entre estudio y vida (razón y fe), puede consultar con provecho la obra de Jean Leclerq, *El amor a las letras y el deseo de Dios,* Sígueme, Salamanca 2000.

[10] Su opuesto es *"studia divinitatis,"* estudios teológicos centrados en Dios, que habían dominado en la Edad Media.

[11] O. KRISTELLER, *El pensamiento renacentista y sus fuentes,* Fondo de Cultura Económica, México, 1993.

Se trata, pues, de un conjunto de disciplinas literarias, históricas y artísticas para formar a los jóvenes con una educación digna de un hombre libre y distinguido, al contacto con los grandes autores grecolatinos. De allí su nombre de *"Litterae humaniores"*,[12] *"letras más humanas"*, o *"cultura humana, cultura humanística"*.

Su materia son los autores grecolatinos. En su metodología o sistema escolar, sustituye las *artes dictandi (artes del dictado)* con el *contacto directo con los autores para desarrollar las facultades más humanas del individuo.* Es un progreso importante que transforma el estudio en experiencia a través de la lectura y el comentario. Y en crecimiento personal, pues estos estudios capacitan al alumno -y ciudadano- para exponer con verdad sus propias ideas e influir en los demás por medio de la palabra.

A inicios del siglo XIX, F. I. Niethammer usa por primera vez el *término humanismo*[13] y reflexiona sobre él como un sistema de educación secundaria basado en los clásicos grecolatinos. Implicaba amor por las lenguas clásicas, -en especial el griego- y la creencia de que el mundo clásico antiguo era el más útil punto de referencia para llevar las mentes de los jóvenes aprendices

---

[12] CICERÓN, Cf *Pro Archia,* n. 7.

[13] F.I. NIETHAMMER, *La polémica entre el filantropinismo y el humanismo en la teoría de la enseñanza y la educación de nuestro tiempo,* 1808.

a su más completo potencial humano. Existía entonces un clima de respeto por el valor del mundo clásico grecorromano, considerado digno de imitación y de constante reinterpretación.

En síntesis, el humanismo expresa actitudes y obras de escritores de todas las épocas vinculadas particularmente a los modelos de la antigüedad latina y griega y, en especial, a la cultura griega que dio al mundo el humanismo griego. No olvidemos que el descubrimiento del hombre es la gran obra de Grecia: "Hubo épica antes de la *Ilíada,* pero ninguna tan llena de encanto, de tragedia, de lágrimas y de risas. Hubo filósofos antes de Sócrates, pero se afanaron en tratar de hallar los constituyentes físicos del mundo. Sócrates adoptó la divisa de Delfos: 'Conócete a ti mismo', y se convirtió en el progenitor de todos los que estudian la naturaleza del deber y de la felicidad. Así representaron también a los dioses en forma humana. 'Idea completamente razonable, puesto que el espíritu del hombre está más cerca de Dios que todas las cosas, y es más divino'.[14] A lo largo de la historia... esos modelos han actuado como un elemento elevador y purificador."[15]

---

[14] MÁXIMO DE TIRO, *Disertaciones.*

[15] P. GARDNER, *Las lámparas del arte griego en:* R. LIVINGSTONE, *El legado de Grecia,* Pegaso, Madrid 1976, 587 pp.

Y se ha ido perfilando de un modo complementario en las distintas épocas históricas, según las preguntas e inquietudes que han aparecido de nuevo en cada período, nación y cultura. Detrás de esos grandes interrogantes se hallan temas perennes, los más profundos e iluminadores para la vida de los individuos, las familias y las sociedades: su pensamiento sobre Dios, el hombre y el mundo.

El instrumento pedagógico y el secreto para alcanzar un elevado nivel de humanismo y para responder a esos grandes interrogantes a lo largo de la historia han sido las humanidades.

3. Humanidades y educación

Hemos visto a vuelo de pájaro un resumen apretado del significado y la historia de la educación en Occidente, desde la época de la cultura griega hasta nuestros días. Lo haremos con mayor profundidad en el siguiente capítulo, por ser un tema tan importante entonces y ahora. Nos corresponde ahora ver el papel que han jugado las humanidades en esta educación.

Como un primer avance en esta materia, podemos decir que el término "humanidades" traduce el concepto latino *"studia humanitatis"*, "estudios de humanidad". Se expresa en plural -humanidades- desde el siglo XVIII, por influjo del francés, que por *"humanités"* -humanidades, literalmente- entiende "estudios literarios."

En la antigüedad humanidades y educación eran términos muy cercanos en su significado, cuando no sinónimos. En efecto, para un griego la educación se centraba en Homero, Sófocles, Heródoto y Demóstenes. Y este era también el núcleo de las humanidades. No las llamaban así, pero el núcleo de esa educación coincidía con ellas. Para un latino, las humanidades consistían en algo más: al contenido del humanismo griego debían añadir el conocimiento y dominio de su lengua a través de los grandes autores latinos: Cicerón, Virgilio, Tito Livio y Terencio. En ello coincidían con aquel consejo que posteriormente escribiría Séneca: *"Es lícito 'habitar' en ingenios probados, si deseas extraer algún fruto."*[16] A esa educación intelectual añadían como experiencias importantes los ejercicios gimnásticos o militares, la instrucción teórica y práctica de la retórica y la dialéctica y, en las clases pudientes, los viajes de estudios al extranjero para enriquecerse con su historia y su cultura literaria, retórica, artística y filosófica.

Para un cristiano medieval, estudiar humanidades significaba conocer el latín y el griego que les permitiera

---

[16] SÉNECA, "Certis ingeniis immorari licet, si vis aliquid boni exprimere." *Cartas a Lucilio* 2,1.

entrar en contacto directo con los grandes autores griegos y latinos, añadiendo a ellos a los principales escritores cristianos que se habían expresado en esos dos idiomas. Un renacentista se hacía culto sobre todo a través de las humanidades, es decir, poniéndose en contacto directo con los principales autores grecolatinos recién redescubiertos por escritores como Dante, Petrarca y Boccaccio, por quedarnos en los principales del Renacimiento italiano. Una persona culta de los siglos XVI al XVIII lo era principalmente en la medida en que seguía los programas y métodos de la *Ratio Studiorum* de los jesuitas, cuyo núcleo eran las humanidades, es decir, el contacto directo con los principales autores grecolatinos y sus valores, en especial "los cuatro grandes", dos griegos y dos latinos: Homero y Demóstenes, Cicerón y Virgilio. En ellos aprendía latín y griego y, además, estilo escrito en prosa y en verso, retórica, historia y filosofía moral. El latín se convirtió en la lengua básica de la educación occidental. Esta educación pretendía *"hominem humaniorem facere", hacer más humano al hombre,* es decir, perfeccionar al hombre en sus facultades.

Se daba, pues, en todas esas épocas, con sus más y sus menos, una identificación práctica entre educación y humanidades. Ser educado era estudiar humanidades. Y estudiar humanidades era el camino y la meta de una buena educación, que enseñaba a los alumnos "la verdad y la belleza, que son eternamente admirables, sea cualquiera la época y la civilización que las producen o comprenden."[17]

Cuando el Estado toma bajo su responsabilidad la educación nacional, la identificación práctica entre educación y humanidades desaparece. Algunos Estados son más conscientes del valor de las humanidades y les reservan más o menos tiempos dentro de los nuevos programas oficiales y con modalidades diversas. Es el caso de Alemania, Reino Unido, Francia, Italia y España, por mencionar solo los principales. Otros sencillamente omiten en sus programas el núcleo más rico de las humanidades, que es el estudio del latín y del griego y de los autores grecolatinos con sus valores e ideales, porque no lo ven práctico y tienen nuevas urgencias.

Así, hemos llegado a un período en que educar no significa ya estudiar humanidades, sino proporcionar los conocimientos necesarios para estudiar una carrera -las más de las veces científica- que garantice la propia subsistencia y el progreso de una familia. Si la aspiración de una formación en humanidades era "dar sabiduría" a la persona, ahora se trata de "transmitir conocimientos y habilidades". La diferencia es grande: el fruto de la formación humanística es el humanista, es decir, el *"sofós"*, el "sabio", quien "saborea" las realidades y les da su peso

---

[17] M. MENÉNDEZ PELAYO, *Historia de las ideas estéticas,* Tomo 4.

en el conjunto de la creación y de la vida humana. "No es tanto el especialista, sino el que ha conseguido una maduración humana profunda, como Sócrates, quien en virtud de su madurez estimulaba la maduración de los jóvenes. Nunca imponía sus opiniones: *sacaba del mismo joven* sus virtualidades para solucionar todos los problemas humanos de la vida."[18]

El fruto de la educación más reciente es el científico, el especialista, que ordena y usa eficientemente las realidades, sin ser consciente con frecuencia de su valor, de su repercusión, de su trascendencia. Con una imagen de nuestro entorno podemos decir que el humanista es el domador de caballos que descubre un potro con gran futuro para las carreras; el científico se asemeja más al veterinario que mide la salud de la sangre del caballo.

El humanismo transmite ideales y valores que trascienden las distintas épocas y empapan en mayor o menor medida las diversas culturas. En este sentido, las humanidades en la educación son una conciencia y un tesoro comunes de los hombres de todas las épocas, más necesarias cuanto más avanzamos en progreso técnico, pues fácilmente este último puede desviarnos de los mayores logros culturales de la historia de la humanidad. Un

---

[18] A. ORTEGA CARMONA, *Las humanidades clásicas en nuestra cultura,* Conferencia del 7 de diciembre de 1970.

clásico alemán nos ha recordado a este respecto: "Cuando el género humano pierde la conciencia de su dignidad moral, el arte la conserva en mármoles llenos de sentido. [...] Vive en tu siglo, pero no seas hechura suya: trabaja para tus contemporáneos, pero haz lo que ellos necesitan, no lo que ellos alaben." (F. Schiller)[19] Fue la conducta que guio la vocación educadora de Sócrates en la Atenas de su tiempo, principalmente entre los jóvenes. Una conducta arriesgada que lo llevaría a dar la vida por sus ideales, necesidades urgentes de su época y de etapas históricas posteriores.

4. Humanidades

Centrando ahora nuestra atención en las humanidades podemos decir que son el *conjunto de algunas asignaturas que tienen como centro al hombre y sus valores, ideales y realizaciones, sobre todo espirituales.*

Su núcleo es el contacto directo con los autores que expusieron los más altos ideales y valores humanos, especialmente los autores grecolatinos porque supieron reflejar en sus obras lo mejor del espíritu humano y en un alto nivel de originalidad y excelencia por sus intuiciones y realizaciones en los distintos campos de la

---

[19] M. MENÉNDEZ PELAYO, *Historia de las ideas estéticas,* Tomo 7, p. 82.

cultura universal. Indudablemente, no todo lo producido por esos autores es valioso y enriquecedor: tienen sus límites y sus errores, como toda obra humana. Pero en su gran mayoría son obras que pueden enseñar muchas verdades y valores que van más allá de la conducta individual de esos autores y de las épocas en que vieron la luz.

Su *fin* es el enriquecimiento del individuo mediante un conocimiento amplio y una asimilación profunda de dichos ideales y valores. No buscan, pues, proporcionar al hombre conocimientos prácticos para la vida diaria, si bien en el caso de un orador este fin de las humanidades no está reñido con ganar un juicio o formar un funcionario. Pretenden dotar al individuo del bagaje cultural que lo ayude a perfeccionar y ennoblecer su personalidad.

Su alcance busca ser universal, el de un humanismo integral, que abarque el espíritu y el cuerpo y se extienda a todas las facultades de la persona, a todos los individuos de la especie, -más allá de su raza, país o continente de procedencia, religión...- a todas las épocas históricas hermanándolas en una concepción básica idéntica y en unos valores e ideales buscados, descubiertos, compartidos y difundidos como en ondas concéntricas en las distintas épocas, sociedades, culturas y naciones.

Su lema bien puede ser: "Soy hombre: nada de lo humano me es ajeno".[20]

Su primera característica es que son "universales", puesto que se interesan por el hombre, por todo el hombre y por todos los hombres, de cualquier raza, cultura, nación o religión. Buscan comprenderlo en sus dimensiones fundamentales: la física, la psicológica, la cultural, la espiritual, la religiosa... Quieren aprender de todos ellos, puesto que cada uno puede enseñar al otro nociones y experiencias importantes sobre Dios, sobre el hombre, sobre el mundo. Y tratan de conocer todas sus producciones culturales, especialmente las que tienen que ver con la dimensión espiritual de las personas, juzgándolas desde unos criterios perennes de verdad, bondad y belleza: sus ideales, sus valores, sus costumbres, sus instituciones, sus realizaciones en el campo lingüístico, cultural (histórico, literario, artístico, musical...) y expresivo (oral y escrito).

El humanismo grecolatino es valioso y digno de estudio no por haber nacido en Grecia o Roma, sino por ser profundamente humano y permanecer abierto a posibles mejoras. No abarcó toda la perfección natural, ni aportó todos los elementos de una cultura ni de una educación total. Tampoco expresó lo sobrenatural cristiano. No

---

[20] TERENCIO, *Heautontimoroúmenos* I, 1, 54.

es, pues, un humanismo perfecto: contiene elementos como la esclavitud, la exposición de recién nacidos, el lugar inferior de la mujer en la sociedad y otros, que no pueden considerarse modelos dignos de imitación en una sociedad sana. Pero, aun con sus límites y peligros, logró -en un nivel difícilmente alcanzable- una síntesis de ideales y valores dignos de una cultura humana elevada y perfectible.

Produjo un alto número de obras culturales importantes, acordes con el genio de sus lenguas y de sus instituciones, que han sido fuente de saber y de inspiración para esas dos grandes épocas históricas y para todas las sucesivas que las han descubierto, valorado y asimilado según las tendencias, necesidades y posibilidades de las distintas generaciones. El descubrimiento de estas obras y autores en todas las épocas ha producido un buen número de personas cultivadas que han destacado entre sus contemporáneos y han alcanzado cotas importantes de cultura, convirtiendo sus vidas en modelos que han enriquecido su época y la misma historia de la humanidad con sus obras principales.

Las humanidades son también *"prácticas"*, no por la utilidad material que se sigue de ellas como en el caso de un ingeniero, sino porque nos enseñan a transmitir con eficacia y brillantez los ideales, valores, conocimientos y habilidades que hayamos adquirido en los terrenos clásico y cultural de las mismas humanidades, o en cualquier otro campo del saber humano.

Las humanidades son, además, una *escuela de pensamiento crítico,* sobre todo a través del análisis lingüístico y de la traducción del latín y del griego, porque nos enseñan a estudiar cada palabra, cada frase, cada período; a unir elementos afines (el artículo con su sustantivo, este con su adjetivo, el sujeto con el verbo, este con el adverbio...) y a proponer nuestra versión, sostenida en todos sus pasos por la aplicación racional y constante de reglas gramaticales, sintácticas y estilísticas.

Las humanidades son un *gimnasio de búsqueda de la verdad:* hay que conocer unos principios y aplicarlos reflexiva y correctamente por partes y dar con el resultado total acertado. Hay que ir descartando opciones equivocadas. En este sentido, cada palabra es inicialmente una incógnita. Debidamente despejada, nos descubre parte de la verdad completa. Y, engarzada con el resto de las palabras, nos revela un mensaje originario, verdadero, lógico, rico. Es una tarea lenta inicialmente, reflexiva siempre, que va haciéndose más fácil y sencilla con el tiempo y el ejercicio. Es una experiencia gozosa de descubrimiento de la verdad, que supera con mucho la mera comprensión de una traducción, por exacta que esta sea. Es ser protagonistas directos en el descubrimiento progresivo de las diversas joyas de un gran tesoro, e ir disponiendo cada una de estas joyas en su lugar correspondiente hasta formar la corona, los collares, las pulseras, los anillos y demás sortijas que lo componen.

El tiempo y el desarrollo del conocimiento humano nos han llevado a distinguir entre "ciencias" y "letras". Las humanidades, en este sentido, no son una "ciencia" y están del lado de las "letras", aunque su comprensión es más universal. Las humanidades no son ciencias experimentales, exactas, productos de la misma mente humana, pero con distintos objetos, métodos, fines. Ni son solo el estudio de dos lenguas antiguas: el latín y el griego. No son solo ni principalmente el estudio de la historia, la literatura y el arte, aunque estas sean partes importantes de las humanidades. Ni se identifican con un recetario rápido para escribir correctamente y hablar con eficacia, objetivos importantes de unas buenas humanidades.

Son el conjunto y el cultivo simultáneo y armónico de estos campos: el clásico, el cultural, el expresivo. Y un resultado del desarrollo conjunto y jerárquico de estos tres campos, en la medida de las posibilidades que permitan los sistemas educativos de las diversas naciones y de las capacidades y el tiempo que cada alumno pueda invertir en su estudio.

La formación humanística es una integración -no mera yuxtaposición- de estos tres campos. El más importante es el primero. "Tiene como centro la cultura grecolatina, y es fruto de un contacto serio con esa visión panorámica de una época trascendental de la humanidad, de un estudio sistemático, vital y directo de sus principales representantes, leyendo y analizando un buen número de sus obras."[21]

En el pasado y hasta fines del siglo XIX el término *"humanidades"* no necesitaba ningún calificativo. Se entendía que era el estudio de los autores grecolatinos de la época clásica. No se veía entonces tanto la necesidad de las ciencias. Se advertía que simultanear entonces humanidades y ciencias equivaldría a restar tiempo al estudio de los autores grecolatinos y menoscabar la unidad orgánica y la riqueza del programa humanístico. Se consideraba un error en pedagogía pretender estudiarlo todo a la vez (letras y ciencias). Por ello las ciencias no aparecían en los programas de humanidades. Y se obtenían plausibles resultados, apuntando acertadamente al núcleo esencial de las humanidades clásicas: *el contacto directo con los autores clásicos grecolatinos.*

---

[21] Cf. LÓPEZ CABALLERO, *Razón y Fe* nn. 824-825, septiembre-octubre de 1966, pp. 427 ss.

Cuando las distintas naciones conservaron en sus programas académicos algunos tiempos para los estudios de las lenguas latina y griega surgió el término de "humanidades modernas", para distinguirlo de "humanidades clásicas".[22] Estas humanidades modernas, aunque conservan básicamente y en proporciones menores el estudio del latín y del griego -con diferencias entre los distintos programas nacionales que los incluyen- no son ya las "clásicas", frecuentemente prescinden del estudio del latín y del griego y se dedican más a las literaturas

---

[22] Queriendo precisar el sentido del término "clásico" podemos mencionar las siguientes acepciones: 1. Los de la armada *("classis"* en latín), seleccionados, de primera clase. (En griego, *"enkrithéntes",* *juzgados, aprobados).* Se trata, pues, de una categoría *lingüístico-eti-mológica.* 2. Hay también una *categoría literaria.* Así, son clásicos los escritores de más fama, reconocidos por todo el mundo como autoridades (AULO GELIO, Noctes Atticae, cc. 7 y 19); eximios, sobresalientes. Se aplica a los autores de la antigüedad clásica grecolatina por el valor ejemplar de su civilización y de sus obras en la educación de su época y de otras sucesivas. "Clásico es, así, lo escrito para todo tiempo." (Alfonso ORTEGA C.). 3. Se da, además, una *categoría estética.* Clásico aquí designa a quienes en su campo descuellan entre los demás y han ganado aprobación universal. Y es aplicable a cualquier arte y época, con referencia a autores y obras que poseen armonía, mesura, equilibrio. La acepción que más nos interesa es la segunda: escritores de más fama, reconocidos como autoridades. Y, derivadamente, la tercera.

modernas. Y añaden o podrían añadir otros adjetivos que les dan tonalidades y peso específico diversos. Así, encontramos estos otros tipos de "humanidades": "nuevas humanidades", "humanidades científicas", "humanidades sociológicas", "humanidades globales", "humanidades digitales" que aplican los métodos digitales al análisis de las obras, "humanidades numéricas", "humanidades sin griego", "humanidades sin latín", "humanidades sin latín y griego"... Existen también otros centros que imparten latín y griego, pero sin humanidades, es decir, sin profundizar en la dimensión cultural y humanística de algunas obras clásicas escritas en estas dos lenguas.

Aunque es comprensible y necesario dedicar tiempos importantes a materias científicas y tecnológicas en nuestros días y en el futuro, es claro que, cuanto más tiempo se invierta en ciencias y tecnología, menor será el tiempo dedicado al estudio del hombre *-núcleo de las humanidades clásicas-,* menor será el nivel de dominio y menores serán los frutos del estudio de estas "nuevas humanidades".

Algunos de los frutos que se van obteniendo de estas "nuevas humanidades" son dignos de alabanza y no debemos aferrarnos a las "humanidades clásicas" solo porque son antiguas y venerables, dos notas importantes de su permanencia y de su fecundidad a lo largo de los siglos. Lo que más importa es que las "humanidades" en los estudios medios y universitarios se centren en *el estudio del hombre y de cuanto lo perfeccione en su humanidad:* en sus ideales y en sus valores, en sus costumbres e instituciones, en su cultura espiritual y social, en su historia, en su filosofía, en su arte, en su música, en su apertura a la trascendencia... Y en todo esto las "humanidades clásicas" marcan un elevado nivel de realizaciones, posibles, aunque difícilmente alcanzables por otros programas o métodos.

En adelante, cuando hable de "humanidades" simplemente, me estaré refiriendo a las "humanidades clásicas", descritas en este capítulo y en los siguientes.

II. EDUCACIÓN Y HUMANIDADES EN LA HISTORIA

Podemos definir la educación como trasmisión de valores y conocimientos de una sociedad, o perfeccionamiento del individuo como persona. Las diversas épocas históricas -particularmente Grecia y Roma- aportaron su visión particular de la educación en un patrimonio que ha sido formulado de un modo original por diferentes culturas a lo largo de dos milenios.

Es lo que me propongo desarrollar con más detalle en este capítulo.

1. Grecia

El sistema educativo de Grecia antigua se guiaba por una aristocracia militar, idealizada en la *Ilíada* y la *Odisea.* Su fuente era la obra de Homero, se centraba en la poesía y la danza; promovía la excelencia *(areté),* y el ideal del hombre hermoso y bueno *(kalós kaí agathós).*

Esparta subrayó la formación militar y física, las virtudes de un soldado y las de un ciudadano como primeros valores. De allí que los niños y los jóvenes estudiaran música, danza y canto, gimnasia y deporte, lectura y escritura, sin tanto énfasis en la formación intelectual y social. Al nacer, el niño era presentado a los ancianos y estos decidían si viviría o sería expuesto. Permanecía con su madre hasta los siete años. Luego lo educaba el Estado, en régimen de entrenamiento militar. El fruto final lo obtenían en el ciudadano, hacia los treinta años.

Atenas desarrolló en su *"paideia"* o educación de sus niños y jóvenes un ideal más elevado. En el siglo de oro (s. V a.C.) alcanzó un alto nivel de sabiduría y perfección del individuo y puso las bases de la educación de la civilización occidental. El ideal era la vida noble del héroe homérico, entrenado en deportes elegantes, primero entre las clases pudientes, luego también entre las populares. Se trataba de un proceso de integración del individuo en la ciudad: cultivó su cuerpo y su mente, desarrolló en los alumnos la capacidad discursiva y el sentido crítico que luego ejercitaban en la vida pública y en distintas manifestaciones culturales. Seguían estas etapas:

- *"Paideia"*, que iniciaba a los siete años e incluía música, literatura y gimnasia.
- A los 16 años acudían al "gimnasio" y asistían a reuniones y disertaciones de adultos.
- A los 18 años juraban fidelidad al Estado, y a los 20 eran ciudadanos.

Había también una educación superior para los ricos. La impartían los sofistas, que buscaban en la acción política una utilidad social y eficacia práctica gracias a la retórica y a la dialéctica. Sócrates se opone a este utilitarismo y propone como ideal la virtud y el conocimiento. Platón educaba a los futuros líderes proponiendo: "El rey es filósofo y el filósofo es rey" (cf. *República)*. La formación que ofrecía se extendía durante quince años para el estudio de la realidad profundizando en las ideas de bondad, verdad, belleza y justicia. Insistía en "escribir en el alma" del alumno la necesidad de la convivencia, la relación interpersonal, la tradición viva más allá del estudio de unos textos. *Aristóteles,* discípulo de Platón, educa a Alejandro Magno e influye hasta la Edad Media con su obra, particularmente con su *Ética a Nicómaco.* Es más realista y observador y urge la estructura lógica y la sistematización de la enseñanza.

En la época helenística con Alejandro se extiende la cultura griega y su concepción del hombre en todo el imperio. Los alumnos estudian a Homero, base del hombre culto. Completan su programa académico aprendiendo redacción y estudiando a Eurípides (dramaturgo), Tucídides (historiador) y Demóstenes (orador). El programa de educación superior incluía ciencia, medicina, filosofía y retórica, -que se sobrepone a poesía, historia y filosofía-, es cada vez más precisa y técnica y organiza

el discurso en las conocidas partes: invención, disposición, elocución, memoria, acción.

2. Roma

En educación Roma se ve hondamente influida por
Grecia, según confiesan los célebres versos de Horacio:
*"Grecia conquistada conquistó al fiero vencedor e introdujo
las artes en el agreste Lacio."*[23] Por el genio latino, da un
sentido práctico a la educación, vista como un instrumento para la acción. Ve las ventajas del griego como
lengua internacional de la época, y de la retórica griega
como ayuda importante para el político. Es culto quien
aprende griego. Así inician la *educación bilingüe* y los viajes de formación al extranjero, principalmente a Atenas
y Alejandría.

La educación en Roma tiene un carácter familiar, pues
es la madre quien educa hasta las siete años y el padre
hasta los dieciséis. Sus etapas eran:

- La familia, que enseñaba las costumbres y tradiciones de los mayores.
- A los siete años el *"litterator"* o *"magister ludi"* enseñaba a leer, escribir y contar.

---

[23] HORACIO *"Graecia capta victorem ferum cepit et artes intulit agresti
Latio." (Epist II I, 156).*

- A los trece el *"grammaticus"*, a través de la literatura griega y latina, enseñaba gramática (cómo hablar con corrección e interpretar a los poetas). Estudiaban a cuatro autores claves: Cicerón, Virgilio, Salustio y Terencio. El sistema incluía "prelección" o lectura preliminar, "enarración" o exposición que juzgaba la forma o método, y la sustancia o historia. Estudiaban también aritmética, geometría, astronomía y música.

- A los dieciséis años, si el alumno destacaba, iba a escuelas de retórica y completaba su formación estudiando filosofía, historia, crítica literaria, y la innovación romana en el campo educativo, de tanta trascendencia para la educación posterior: la *educación legal,* el derecho, con el *"magister iuris".*

- A ellos se añade un año de servicio militar.

3. Artes liberales

Es un conjunto de siete disciplinas, surgido en la época helenística (ss. IV a I a.C.) que proporcionan conocimientos generales y destrezas intelectuales científico-lingüísticas. Aristóteles las llamó en su Política: *"eleutherai epistemai",*[24] ciencias libres, es decir, ramas del conocimiento dignas de un hombre libre.

---

[24] ARISTÓTELES, *Política,* Libro V, c. 2.

Es un canon de materias para adquirir educación *("litterae"*, letras). Se llaman "liberales" porque, siendo las propias de los hombres libres *("liberi"),* se oponían a las "artes serviles", destrezas profesionales, oficios manuales especializados, más propias de los "siervos". El patricio romano, que encarnaba la clase pudiente de esa sociedad, vivía entre el "negotium" (asuntos públicos) y el *"otium"* (actividades de ocio, placenteras). Tal educación se extiende a donde llega el imperio romano. Pasa a formar la estructura habitual del conocimiento medieval. Se encuentra en el origen de las primeras "universidades" que buscaban compartir, extender y hacer universal el saber. Este sistema se conserva básicamente idéntico hasta la caída de Constantinopla en el año 1453.

Las *"artes liberales"* son siete disciplinas que se dividen en dos grupos:

- El *Trivium* ("Tres caminos"): se basa en el lenguaje y sus materias son: gramática, retórica, dialéctica. Son disciplinas literarias, constituyen saberes humanos. Estudian casi solo en latín a los "auctores" (autores) por sus valores y por la verdad intemporal que exponen. Esos autores eran "autoridades", fuentes de sabiduría que sintetizaban una comprensión psicológica o experiencias de vida de una forma concisa y memorable. Eran sus "sentencias" y sus "ejemplos". Se enfatizan más que:

- El *Quadrivium* ("Cuatro caminos") se basa en los números y sus materias son: aritmética, música, geometría y astronomía. Son disciplinas científicas, constituyen saberes exactos.

Más en concreto, los contenidos particulares de estas asignaturas son:

- GRAMÁTICA: uso correcto de la lengua hablada y escrita. Primero se enseñó el griego, luego el latín, sobre todo después de las invasiones de los bárbaros, cuando para ellos el latín era una lengua extranjera. Constaba de una parte teórica: el estudio de la lengua, basado en los escritos de los autores clásicos. Y de una parte práctica, que consistía en la lectura de los poetas antiguos.
- RETÓRICA: uso correcto de la expresión para colorear o adornar las palabras. En el mundo romano se alimentaba de Aristóteles y de Cicerón, que añadió el estudio de la ley. Era "la emperatriz de las artes liberales y alumna de ambos derechos."[25]
- DIALÉCTICA: uso correcto del pensamiento para buscar la verdad. Enseñaba un modo lógico de pensamiento basado en el modelo platónico con sus

---

[25] BONCOMPAGNO, "Artium liberalium imperatrix et utriusque iuris alumna", *Rhetorica antiqua*, Bolonia, hacia 1300.

diálogos o conversaciones. En la antigüedad tardía y en la edad media dialéctica era sinónimo de lógica.

- ARITMÉTICA: ciencia de los números. Inicia con los pitagóricos. El sistema griego de contar eran las letras del alfabeto, lo mejoraron los números romanos. El sistema indoarábigo llegó a Occidente en el siglo X.
- MÚSICA: ciencia que enseña a producir sonidos con base en el tiempo. Inicia con los pitagóricos. Boecio la divide en: música "mundana" (armonía de las esferas celestes), humana (armonía humana), instrumental (cantos).
- GEOMETRÍA: ciencia del cálculo en el espacio. Euclides la sintetiza en sus "Elementos", alrededor del año 300 a.C.
- ASTRONOMÍA: ciencia de los astros y su movimiento. Originaria de Babilonia, estudiaba el movimiento de los astros y se usaba para predecir e interpretar el destino humano. Era el resultado de los avances en matemáticas elevadas.

Trivium y Quadrivium conducían a la filosofía, meta final de la educación según Grecia, o *"ancilla theologiae"* ("sierva de la teología") según una concepción cristiana de la época medieval. Buscaban una armonía entre cultura laica y cristiana, con algunos logros bajo Carlomagno.

Como síntesis sirve esta fórmula: "La gramática habla, la dialéctica enseña la verdad; la retórica proporciona las palabras; la música canta, la aritmética cuenta; la geometría pesa; la astronomía se dedica a las estrellas." El original latino es también una ayuda para la memoria.[26]

El sistema de las artes liberales -sobre todo el *Trivium*- da un carácter duradero a la educación grecorromana, pues pervive más de un milenio con leves modificaciones. Con el tiempo retrocede el estudio del griego y avanza el del latín.

En el siglo XV, Guarino y Vittorino da Feltre, reformadores en el campo de la educación, modifican el *Trivium* y el *Quadrivium.* Organizan un nuevo aprendizaje y establecen la gramática, la retórica (del *Trivium),* la historia, la poesía y la filosofía moral (asignaturas nuevas), como las disciplinas que perfeccionan al hombre. Aunque encuentran resistencias que conservan el modelo antiguo por mucho tiempo aún, ellos insisten en la importancia del griego, hasta entonces prácticamente desconocido o descuidado en la Europa medieval.[27] A raíz de esta insistencia, muchos estudiantes europeos iban a Italia a

---

[26] Gram loquitur / Dia vera docet / Rhet verba colorat;/ Ar numerat / Geo ponderat / As colit astra / Mus canit.

[27] El nuevo sistema prevaleció en muchas partes de Italia en 1500 y en el resto de Europa en 1600 durante cuatro siglos, con un mismo canon básico de autores clásicos con metas semejantes, libros de texto y métodos de enseñanza parecidos.

aprender griego. Entre ellos estaba Erasmo y gracias a él el griego se convirtió en elemento fundamental de la identidad cultural europea. Y con razón, pues no pocos conocedores del tema piensan que el griego constituye "la más refinada y perfecta de las lenguas para la expresión del pensamiento humano."[28]

4. Iglesia y educación

En los primeros siglos de nuestra era y hasta la Edad Media la Iglesia concibió la educación en el estudio de la Sagrada Escritura y supo valorar y usar todo lo que había de aprovechable en la cultura grecolatina. Tal actitud logra una dilatada época de integración entre Dios, el hombre, el mundo; y una elevada armonía entre belleza, verdad y bien. Respecto a la educación, la Iglesia conserva, perfecciona y ennoblece la cultura clásica con la gracia. San Basilio (330-379), dirigiéndose a jóvenes, constata que los autores grecolatinos son la base de la cultura literaria de su tiempo y los invita a tomar de esas obras lo que sea de provecho.[29] No es un consejo superficial ni causado por el temor. Se basa en la reflexión de Juvenal (55 - s. II princ.): *"Ninguna palabra o imagen deshonesta toque estos umbrales, dentro de los que se*

---

[28] J. BRICE, *Latin and Greek in American Education: with Symposia on the Values of Humanistic Studies*, 1 de agosto de 2012, p. 84.

[29] S. BASILIO, *Sobre la literatura clásica, Homilía* XXIII.

encuentra el niño... Al niño se le debe un máximo respeto."[30] San Agustín se forma también en el estudio de los clásicos, como lo describe en sus Confesiones.[31]

La Iglesia reconoce que estos autores transmiten los valores e ideales que Roma había recibido de Grecia, y aporta con su genio un rostro cristiano y culto a la Europa de entonces. Resalta la dimensión práctica de la educación, que veía como una forma de vida y que aporta patrones de conducta, buenas acciones para la salvación. Los Padres de la Iglesia buscan armonizar clásicos y cristianismo, como san Agustín. Creían en la motivación que propondrá más tarde para su estudio Juan Gerson (1363-1429): "Hallarán en ellos [los clásicos] pensamientos morales, belleza de estilo, expresiones escogidas y un cierto conocimiento de la historia y de la poesía"[32]

En la Edad Media las escuelas monacales y episcopales forman con los clásicos a sus futuros ministros, *crean bibliotecas que preservan el saber de la civilización grecolatina para la posteridad y, con el tiempo, crean las universidades*

---

[30] JUVENAL, *"Nil dictu foedum visuque haec limina tangat -intra quae puer est...- Maxima debetur puero reverentia" Sátiras,* 14, 44-49.

[31] S. AGUSTÍN, *Confesiones,* I, 16.

[32] J. GERSON, *Obras,* T. I., 172.

que enseñan filosofía y teología y ejercen un gran influjo en la civilización occidental.

San Ignacio de Loyola (1491-1556) busca también aprovechar las obras de los autores grecolatinos, omitiendo partes de los mismos que pudieran obstaculizar el aprovechamiento espiritual de los alumnos: "Parecíame siempre..., bien considerado todo lo dicho, que sería muy conveniente que de estos libros de humanidad se quitasen las cosas deshonestas y nocivas... y quedasen las buenas solas".[33] El mismo Erasmo había advertido la razón de esta disposición en una de sus obras: "Nada se asienta más profundamente ni se adhiere con más tenacidad que lo que se deposita en los años rudos [de la infancia y primera juventud]."[34]

Así mantuvo la Iglesia esta postura de prudencia, equidistante entre el temor infundado y la admiración acrítica de los autores clásicos grecolatinos.

5. Renacimiento

Con el tiempo decaen las escuelas monásticas y surgen las escuelas seglares, atendidas por monjes o laicos, que

---

[33] S. IGNACIO DE LOYOLA, Al prior de la Trinidad de Venecia, 1549, *Cartas,* III, 641.

[34] ERASMO DE R., *Enchiridion militis christiani,* 1503, p. 72.

enseñan en las ciudades a leer, escribir, calcular, comerciar y a juzgar situaciones y hechos con conceptos y virtudes morales, aprendidos en los clásicos y en la Sagrada Escritura. Aparecen nuevos currículos y filosofías, entre ellas la filosofía tomista, la de mayor penetración por su armonía de razón y fe, filosofía y teología, acción y contemplación.

Se desarrollan las universidades italianas de Bolonia y Padua y el modelo de la universidad de París con cuatro facultades (teología, derecho canónico, medicina, artes), con su rector y decanos como equipo directivo. Oxford y Cambridge imitan el modelo parisino y, en su momento, también las universidades de Salamanca y Alcalá, en España.

En el Renacimiento italiano se adquiere una nueva visión del hombre y del mundo y surge un ansia del goce de la vida. El ideal es el de un humanismo que cultiva todos los intereses humanos (físicos, mentales, estéticos, espirituales), como expresión del saber universal y de la personalidad integral.

Destacan tres grandes autores de valor universal: Dante (1265-1321), Petrarca (1304-1374) y Boccaccio (1313-1375). Descubren tesoros perdidos de la antigüedad clásica, los admiran e imitan a sus autores, sobre todo a Virgilio, Cicerón y Sófocles, respectivamente.

Quienes se dedicaban a esos estudios se llamaban *humanistas,* y sus estudios *"Studia humanitatis"* o *"humaniora"* (humanidades), centrados en la enseñanza de los clásicos antiguos.[35] Fundan centros humanistas. Surge en Florencia durante el siglo XV, bajo el generoso mecenazgo de Cosme y Lorenzo de Médici, la Academia florentina, recuerdo de la Academia platónica y espacio de encuentro de intelectuales que consideran norma la imitación de los clásicos. A través de ellos buscan penetrar el pensamiento del pasado y adquirir una nueva conciencia histórica y crítica, un mejor conocimiento de sí mismos y de su tiempo. Un ejemplar de este humanismo fue Leonardo da Vinci, "el hombre universal" por sus inquietudes, sus estudios e inventos y sus aspiraciones.

En Roma, bajo el pontificado de Eugenio IV (1431) destacan, entre otros, G. Manetti (1396-1459) y Lorenzo Valla (1407-1457). Este instaura la primacía de Cicerón y tiene como lema: *"Seguir la naturaleza",*[36] exponiendo que todo lo que la naturaleza ha creado es bueno y el hombre debe hacerse su discípulo y seguir el evangelio que ella le dicta.

---

[35] Lo opuesto de humanista entonces era el escolástico, centrado en los *"studia Divinitatis", "estudios de la Divinidad".*

[36] L. VALLA, "Naturam sequi."

Otros centros humanistas importantes fueron: Nápoles, donde sobresale Eneas Silvio Piccolomini (1405-1464), futuro Pío II desde 1458. Y, fuera de Italia y por su influjo: el Colegio Real de Francisco I en Francia (1530), las universidades de Oxford y Cambridge, con J. Fisher y Tomás Moro; la universidad de Lovaina (1425) con la presencia e influjo de Erasmo, reconocido y respetado por los humanistas; y algunos centros humanistas de Alemania y de España.

Entre las notas de este movimiento humanista destacan las siguientes: nueva visión de la naturaleza y del hombre, desarrollo de la virtud humana en todas sus formas hasta su plena extensión, equilibrio entre acción y contemplación; goce de la vida, aprecio por la cultura y el arte literario, la fama y la belleza en todas sus formas; necesidad de una educación más práctica que la dada por los estudios teológicos de la edad media, regreso a esta fuente del saber (la antigüedad grecolatina, adaptada a los nuevos tiempos), reivindicación del individuo, nacimiento de la idea de la dignidad humana, capacidad del hombre para pensar por sí mismo y para buscar diferentes soluciones a cualquier problema. *El hombre es el centro y su cuerpo la medida de todas las cosas naturales.*

En esta nueva época prevalece el uso de la razón y una nueva visión del mundo, donde nadie tiene el monopolio de la verdad. Los humanistas de entonces creen en Dios y en el hombre, en Cristo y en Cicerón; buscan una cultura integral que armonice elegancia y facilidad, verdad y belleza, equilibrio y moderación que tiene como ideal y modelo la *aurea mediocritas* (dorada mediocridad) de Horacio.[37] El latín y el griego son las lenguas por excelencia. "El cultivo de las humanidades significa principalmente el estudio del lenguaje y de sus posibilidades. La retórica gana importancia e incluye la poesía."[38]

El programa es sencillo y esencial: lectura de los autores grecolatinos en el original; estudio de la gramática, la retórica, la historia y la filosofía moral.

La educación -humanidades básicamente-, hasta entonces llevada sobre todo por clérigos, es asumida por el poder laico, con una orientación cívica que busca el progreso civil y la prosperidad terrena. Además, atiende a problemas morales y específicamente humanos: da importancia a la ética, enseña a pensar bien y a actuar bien. Resalta la dignidad del hombre como un microcosmos, la belleza y el dominio sobre la naturaleza.

De Italia durante el siglo XVI se extiende esta educación humanística a Francia, Alemania, Inglaterra y España;

---

[37] HORACIO, *Poemas II,* 10,5.

[38] GRAN ENCICLOPEDIA RIALP, XII, pp. 221 ss.

luego también a Polonia y a Hungría. Europa se enriquece con los *humanistas,* hombres de letras, cultivados con una educación literaria muy buena, que quizá no han estudiado ciencias, derecho y teología, pero sí gramática, retórica, historia, poesía y filosofía moral en obras originales representativas de autores latinos y griegos. Modelos de la época de este tipo de humanistas europeos son, entre otros: Shakespeare, Tomás Moro, Erasmo, Cervantes, Galileo, Leonardo, Miguel Ángel, Galileo, Montaigne...

Uno de los principales méritos de estos autores -que se extenderá en su época y a lo largo de la historia sucesiva- fue que abrieron las fuentes de la cultura antigua y colocaron la literatura clásica como tema principal de estudio, presentando la vida de los pueblos griego y latino como un tipo ideal de humanidad en lo literario, en lo político y en lo social. La antigüedad clásica es para ellos una corriente viva que pone los cimientos de la civilización moderna.

La mayoría de los humanistas eran cristianos. Aun así, la relación entre humanismo y cristiandad es compleja: desde Petrarca la visión cristiana del mundo coexiste con la visión terrena.

Hay también un declive en este movimiento humanístico renacentista. Se da cuando el humanismo degenera en un enfoque puramente lingüístico y formal de la antigüedad, en una erudición sin vitalidad creadora, algo pedante y libresco.

6. Reforma y Reforma católica

Durante la Reforma la educación en Europa se divide. Por un lado está la educación protestante impulsada por Lutero: es obligatoria, la controla el Estado, su núcleo en la universidad es la Biblia. Y por otro, la educación católica impulsada por el Concilio de Trento y que ilumina la nueva realidad de la época. En las distintas naciones se extiende la educación primaria y se da importancia a la lengua vernácula.

A la vanguardia de la pedagogía de entonces se halla la Compañía de Jesús con su *Ratio Studiorum* que dirige la vida académica de los 372 colegios que dirigen en 1565 y, unos dos siglos después, los 728 colegios que dirigen en 1757. Es muy importante este documento pedagógico de los jesuitas y vale la pena dedicarle un espacio más amplio.

7. "Ratio Studiorum" (Orden o programa de estudios) de la Compañía de Jesús

Es la organización de los estudios en los seminarios y colegios civiles de la Compañía de Jesús. Existe una primera versión del año 1565 y la ulterior y más conocida de 1599. Los jesuitas no la inventaron: la encontraron en la Universidad de París, donde estudió san Ignacio. Era el "modo parisino" de enseñanza, caracterizado por las siguientes notas: orden sistemático y progresivo de los estudios, por materias, con frecuentes ejercicios, disciplina escolar, exámenes finales, y síntesis entre artes liberales con contenido humanista y renacentista e inspiración cristiana. Fundan entonces el "Colegio de humanidades," una sección importante en sus centros académicos. Allí aplican la *Ratio Studiorum,* que da "orden y modo" a los estudios de la Compañía, y cuya originalidad radica en el trabajo de selección, eliminación, sano eclecticismo, introducción de sensatas reglas pedagógicas y disposición orgánica del método.[39]

Aunque tiene carencias notables, como luego diremos, los jesuitas son conscientes de su importancia en los colegios, principales centros de su apostolado, trascendental en la sociedad y en la vida de la Iglesia: "Todo el bienestar de la cristiandad y de todo el mundo depende de la educación conveniente de la juventud."[40] Por lo mismo, "cada jesuita debe llevar su parte del peso de los colegios."[41] Su ideal es la formación de un hombre

---

[39] A. CAYUELA, S.I., *Humanidades Clásicas,* Zaragoza 1940, p. 504.

[40] J. A. MESA (Ed.), (M. *Paed.* I, 475) en: *La Pedagogía Ignaciana,* Mensajero-Sal Terrae, Bilbao 2019, p. 153.

[41] J. A. de POLANCO, *Cartas,* 10 de agosto de 1560.

equilibrado y plenamente desarrollado en todas sus facultades, síntesis de autores clásicos grecolatinos y dimensión cristiana; es decir, formación integral, excelencia humana y cristiana, armonía entre virtud y letras. En el campo expresivo este ideal significaba alcanzar la elocuencia perfecta,[42] es decir, hablar, escribir y comunicar con facilidad y elegancia.

Sintetiza textos importantes y detallados métodos de enseñanza. Es de índole práctica, con pocas teorías y mucha fijeza en procedimientos. Es un instrumento útil para una pedagogía y una administración efectivas, un método de control de calidad para la Compañía. Aporta serenidad y madurez de juicio. Es fundamentalmente un método universitario, basado en la lectura y el estudio de unos textos normativos y perennes (textos de la antigüedad clásica), nacido en Europa y con vocación universal.

Se centra en una lista de lectura (Homero, Plinio, Virgilio, Cicerón, Terencio) e influye grandemente por sus buenos resultados en la Europa católica. Organiza lo grande y lo pequeño con una uniformidad que da solidez y continuidad en el tiempo a la formación durante varios siglos. Subraya la emulación y la competencia en las clases.

---

[42] RATIO STUDIORUM DE 1599, *Reg.prof.Ret., I.*

Pensada primero solo para jesuitas y para las "disciplinas más bajas" de gramática y retórica -las "más altas" eran Sagrada Escritura, teología, casos de conciencia, moral-, se dirige luego también a los laicos de sus más de 800 colegios y universidades. Como "plan de estudios" completo (es decir, con filosofía y teología) se aplica solo en los relativamente pocos centros educativos que eran universidades o su equivalente.

El programa completo duraba doce años, y se estructuraba en este orden progresivo:

- *Estudios literarios:* Cinco años: los tres primeros para dominar el instrumento de las lenguas clásicas, el cuarto para formar de un modo especial el estilo, el quinto para retórica y poética.
- *Filosofía:* Tres años.
- *Teología:* Cuatro años para quienes aspiraban al sacerdocio y para algunos seglares.

Este programa se caracterizaba por la aplicación de varios principios, surgidos de los *Ejercicios espirituales* de san Ignacio:

- *Tener presente,* bien claro y determinado, *el fin* y, por consecuencia, remover los obstáculos y proporcionar los medios y, en orden al fin, adaptarse en los particulares a las varias circunstancias de personas, lugares y tiempos.

- *Poner por obra la actividad y el interés personal:* "Vale más un acto intenso que mil actos débiles; y el diligente suele adquirir en breve tiempo lo que no obtiene el indolente en muchos años."[43]

- *Concentrarse: profundizar una cosa a la vez y bien, gradualmente: "Non multa, sed multum"*[44] (Interpretación: No muchas cosas, sino contadas y con profundidad).

- *Cuidado asiduo del maestro* y del educador por el aprovechamiento de cada alumno.

- *La excelencia:* Tener presente ser lo mejor que se pueda. Si no en todo, al menos en una cosa ha de procurarse de cada uno la excelencia.

- *Unidad y variedad:* hay materias de concentración que son los autores clásicos, especialmente los latinos. Y hay múltiples ejercicios en torno a estos autores y sus lenguas. Los dos polos del sistema son la *prelección* (contacto con el autor) y la composición (trabajo personal). A ellas se añaden en segundo lugar: la teoría y la erudición. Pero en el sistema de la Ratio, la clase era el centro de la actividad escolar, y la *prelección* el centro de la clase.

---

[43] MONUMENTA HISTORICA SOCIETATIS IESU (MHSI), *Ep. et Instr., I, pp. 498-499.*

[44] PLINIO EL JOVEN, *Cartas,* 7, 9. Cf. también Quintiliano en *Inst. Orat. X,* I, 59.

- Disposición armónica de todo el conjunto.[45]

---

[45] Más en concreto, la *Ratio Studiorum:*

1. Es un código de reglas cortas -sin teorías abstractas iniciales- para que los diferentes profesores, bajo la dirección del prefecto, sepan a qué atenerse en la manera de llevar su clase y de dirigirse a los alumnos.

2. Se da una separación absoluta de letras y ciencias, dejando las ciencias para el trienio de filosofía, después del quinquenio de humanidades.

3. En cada etapa se prefieren determinadas materias, prácticas y ejercicios, y el latín sobre el griego.

4. Siguen horarios intensos, pues dedican dos horas y media de clase por la mañana, y otras tantas por la tarde, así:

   a. 45 minutos: recitación de memoria y por grupos, explicación del profesor de nuevos preceptos.

   b. 30 minutos: corrección pública de las composiciones.

   c. 45 minutos: prelección del autor latino.

   d. 30 minutos: materias accesorias o ejercicios escolares llamados "concertación". Esta se organiza entre bandos o émulos, fomenta una sana competición y sirve de gran estímulo en el estudio.

5. Estudios y ejercicios escolares frecuentes y abundantes: redacción, descripción, imitación, prosa y verso, traducciones a prosa y verso, discursos, debates, exámenes escritos y orales, academias... Es, pues, una pedagogía activa e interactiva.

El programa de la *Ratio* era completo en sí mismo y, por tanto, su fin no era preparar para los estudios universitarios. En otras palabras, los colegios jesuitas no eran "escuelas preparatorias"... Cuando un joven terminaba el colegio en la Compañía, -cerca de los veinte años de edad-, se le consideraba plenamente formado, listo para ocupar un puesto en la sociedad. Naturalmente, si quería acceder a una de las tres profesiones más frecuentes de la época -derecho, medicina, teología-, entonces, y solo entonces, debía entrar en la universidad.[46]

Su importancia puede deducirse de su duración, de casi dos siglos sin reformas, de 1565-1599 hasta 1773, año de la supresión de la Compañía. Y de su influencia, pues regulaba la pedagogía en casi todas las naciones de Occidente. Y de algunas de sus ventajas: era un rito de paso a un grupo dominante social y económico de la época; el alumno recibía una cultura en verdad internacional que servía en

---

6. Reservan para descanso el domingo y otro día entre semana (miércoles o jueves). Dedican el sábado a repeticiones de la semana, debates y catecismo.

7. Además, emplean otros recursos como: la emulación entre compañeros de un mismo curso y entre todos los alumnos de los diversos cursos, premios y castigos con premios especiales una vez al año, atención a la persona, formación religiosa.

[46] J. A. MESA (Ed.), *La Pedagogía Ignaciana,* Mensajero-Sal Terrae, Bilbao 2019, p. 153.

política, derecho, educación, iglesia; visión cultural del pasado como un camino para ennoblecer el presente; ejercicio 'muscular' de algunas facultades como la memoria y el raciocinio lógico; aportaban una clave valiosa para comprender a un pueblo, con sus valores y su cultura.[47]

Modelos de jesuitas formados en humanidades clásicas fueron protagonistas en el desarrollo del Concilio de Trento y de sus diversos documentos, que formulaban la visión católica de Dios, del hombre, de la Iglesia y del mundo en la época trascendental de la Reforma protestante. La Iglesia de la Reforma católica encontró en esos grandes humanistas jesuitas pensadores profundos y expositores prudentes y seguros para "poner al día" los dogmas de siempre como respuesta a los problemas de fe y de costumbres que habían suscitado en Europa Lutero y sus diversos seguidores. Destacaron en esta labor, entre otros, por sus aportaciones en Trento: Alfonso Salmerón, Diego Laínez, Jerónimo Nadal, Juan Alfonso de Polanco y san Pedro Canisio.

---

[47] Los frutos notables concretamente en el manejo del latín y griego eran muy pocos: "Por ejemplo, en la escuela de gramática en Francia, solo el 10% de los alumnos alcanzaban alguna facilidad real en el dominio del latín; la gran mayoría eran incapaces -incluso después de años de trabajo- de leer correctamente un texto de latín clásico." M. BARBERÁ, S.I., *La Ratio Studiorum*, CEDAM, Padova 1942.

Con sus logros y sus deficiencias, es un clásico en la historia de la educación en Occidente: permitió la organización de un sistema educativo y la implantación de una práctica pedagógica como tal vez jamás se haya dado en el ámbito mundial. Marcó la historia de la cultura y de la educación.[48] Y vale la pena estudiarlo y aprender algunas de sus lecciones: la prioridad de la pedagogía sobre los programas [es decir, la adecuada aplicación de los programas a los alumnos], la literatura como escuela de humanismo, la importancia de la retórica, la formación de la inteligencia y de sus juicios: "Lo más valioso en una persona madura es su buen juicio."[49]

Perfectible como toda obra humana, entre sus carencias cabe destacar que, con el paso del tiempo, la Ratio asumió un carácter sacrosanto y creó la impresión de que en ella estaba dicho para siempre todo lo que había que decir. Se volvió impermeable a una revisión seria, a lo que contribuyó el hecho de que la Ratio misma no prevé una futura adaptación. Es básico para la Ratio el principio de que "un mismo currículo vale para todos" y no admite nada que pueda presentarse como "electivo".[50]

---

[48] J. A. MESA (Ed.), *La Pedagogía Ignaciana,* Mensajero-Sal Terrae, Bilbao 2019, p. 145.

[49] B. PEREIRA, *Ratio Studendi,* 1564.

[50] J. A. MESA (Ed.), *La Pedagogía Ignaciana,* Mensajero-Sal Terrae, Bilbao 2019, p. 155.

Hubo una "Ratio moderna", la Ratio de 1832. No es un método nuevo, sino adaptación del existente a los tiempos 'modernos'. La elaboró en Roma una comisión de expertos durante siete meses. Este plan debió convivir en paralelo con el control napoleónico de escuela estatal y sin ningún reconocimiento oficial. Desde entonces, pensar en un plan de estudios clásicos uniforme aceptado en todos los países ha sido una quimera.[51]

8. Siglos XVII y XVIII

La aplicación de la Ratio Studiorum de los jesuitas suscitó admiración entre pensadores de la época, algunos de ellos no católicos. Es el caso de F. Bacon (1561 – 1626), que afirmó: "Son tan buenos [educando] que los querría de nuestro lado." El programa que se impartía era solo el de las humanidades clásicas, en edificios espaciosos y con una gran vitalidad académica, aunque no daban espacio a nuevas orientaciones de las mentes de la época que iban gestando el desarrollo científico, necesario para el progreso técnico de la sociedad.

El sistema pedagógico de los jesuitas llegó también pujante a América en estos siglos. En Nueva España (México) "al esplendor y desarrollo de la labor educativa

---

[51] J. A. MESA (Ed.), *La Pedagogía Ignaciana*, Mensajero-Sal Terrae, Bilbao 2019, p. 146.

y humanística emprendida hasta entonces contribuyeron las Órdenes y la Iglesia en general... Pero en esa contribución resultó decisiva la influencia de los colegios jesuitas, que muy pronto se extendieron por toda la Nueva España. A partir de 1574 y hasta finales del siglo XVII la intensa obra de la Compañía facilitó una rápida expansión, que la llevó a disponer en veinte años de nueve colegios, dos seminarios para estudiantes seglares, dos internados para indígenas, tres residencias, una casa profesa y un noviciado."[52] Los jesuitas continuaron su labor educativa hasta su expulsión de la Nueva España. La misma Corona española redujo las escuelas de latín en el reino, primero en 1623 y de nuevo en 1743 "porque alejaban a la clase baja del trabajo productivo en agricultura, artesanía y comercio por carreras no productivas en la Iglesia y el gobierno."[53]

No todas las naciones siguieron del mismo modo los dictados de la *Ratio Studiorum*. En el siglo XVIII ya no se hablaba latín en Oxford y Cambridge. Había variantes dentro de la raíz humanística común según las naciones, aunque la clase de latín estaba en el centro de la educación dondequiera que se impartiera en Europa

---

[52] A. TRUEBA, *La Expulsión de los Jesuitas, o el Principio de la Revolución,* Ed. Jus 1950.

[53] GRAFTON A., MOST G., SETTIS S., *The Classical Tradition,* Harvard 2010, 1067 pp.

y en las colonias americanas. El colegio de san Pablo, de Londres, dio gran importancia al griego y al orden en que se afrontaban los autores y sus obras. En Limoges, Francia, se conservó durante unos dos siglos (1750 – 1950) el mismo elenco de autores clásicos latinos: Cicerón, Virgilio, Horacio, Ovidio, Terencio, Tito Livio y Tácito. Otros centros simplemente se alejaron de la Ratio y enseñaban la lengua vernácula con un currículo comercial.

Ni siempre la *Ratio Studiorum* se aplicó correctamente. "El mal gusto del siglo XVII y el alarde pedante de erudición afectaron estos estudios. Al método humanístico le faltó entonces el cultivo serio y detenido de la lengua y literatura nacional, una comprensión más profunda de la literatura antigua y una aplicación más certera y sensata -más moderna- de sus bienhechoras influencias en la formación del joven con miras a su actuación en la vida."[54]

El influjo de la Ratio Studiorum llega hasta la Ilustración por la insistencia en el uso de la razón, su nueva visión del mundo y un cierto refinamiento y un poso cultural que comentó así Kant (1724-1804): "¿Por qué se denominan algunas ciencias *humaniora*? Porque refinan a los hombres. Merced a ellas queda en cada

---

[54] A. CAYUELA, *Humanidades Clásicas,* Zaragoza 1940, pp. 616-619.

73

estudiante, aun cuando no haya adquirido mucha erudición, un poso de refinamiento y apacibilidad; [cuando] estas ciencias ocupan su ánimo, le confieren dicha apacibilidad, que más tarde subsistirá como una peculiaridad de ese sujeto."[55]

Y va más allá. Los dos últimos grandes modelos del ideal humanístico -ocupando ya buena parte del siglo XIX- fueron Goethe (1749-1832), por su vasta producción literaria y Alexander von Humboldt (1769-1859) por el papel que tuvo -con sus ideales e inquietudes en tantos campos del saber- en la organización de la educación pública humanística de Prusia, subrayando el fomento del lenguaje y la capacidad lingüística de los alumnos.

9. Siglo XIX

En pedagogía académica, F. Froebel (1782-1852), educador alemán, funda los *"Kindergarten"* (*"Jardines de infantes"*) y subraya la importancia del juego y del movimiento en la educación del niño. Siguiendo estos pasos, M. Montessori (1879-1952), educadora italiana, promueve una nueva educación activa de la niñez, donde el juego tiene un papel muy importante.

---

[55] I. KANT, *Lecciones de ética,* (1775-1781), Epublibre, p. 172.

Los programas nacionales, más parecidos en educación primaria, van difiriendo en la educación secundaria. En la sola Alemania coexistían varios tipos en esta etapa preuniversitaria:

- "Gymnasium": nueve años, "clásico", dedicados al latín, al griego y a una lengua moderna.
- "Realgymnasium": nueve años, "semiclásico", dedicados al latín, al griego y a una lengua moderna; ciencias naturales y matemáticas.
- "Realschule": seis años, dedicados a ciencias y matemáticas.
- "Oberschule": nueve años, dedicados a ciencias y matemáticas.

A nivel universitario "ocurre un cambio fundamental: la distinción tripartita del conocimiento humano. Si hasta el siglo XVIII se oponían las humanidades a las ciencias naturales, en el siglo XIX surge un nuevo concepto: ciencias sociales. Es un largo proceso que comenzó a mediados del siglo XIX (...) estableciendo cátedras en las principales universidades. (...) Esto trajo consecuencias académicas significativas dentro de la universidad. Como cada una de estas disciplinas (historia, antropología, economía, politología y sociología) quiso diferenciar su objeto de estudio, se institucionalizaron nuevas líneas de investigación y surgieron asociaciones para agrupar a los especialistas."[56]

10. Siglos XX y XXI

Aparecen más claras las demandas de la industria que reclama una educación técnica y continua que no ofrecen los programas de humanidades clásicas aplicados hasta entonces. Y crece el influjo de la psicología en la educación de los niños hasta el final del bachillerato.

Aunque todas las naciones hacen obligatoria la educación, no todos coinciden en el número de años, ni en los autores estudiados en los programas de humanidades. La proliferación de campos, publicaciones y fuentes hacen cada vez más difícil el cultivo original de la *"humanitas"*. Si en 1500 los textos mayores de la educación humanística, aun numerosos, se podían contar, en 1900 eran muchos más y la gente había dejado de estar de acuerdo sobre cuáles eran exactamente.

Se diversifican, pues, los modelos y la nomenclatura de las tres etapas: básica, media y superior. A modo de ejemplo, y por lo que se refiere a la enseñanza media o

---

[56] A. RIVERO F., *¿Qué son hoy las humanidades y cuál ha sido su valor en la universidad?*, en: *Scielo Analytics*, Vol.42, no.167 Ciudad de México, julio-septiembre de 2013.

bachillerato, presento la oferta educativa de enseñanza media que algunas naciones europeas y americanas han ofrecido en el siglo XX, -algunas también en el siglo XXI- con organización y prioridades distintas:

ALEMANIA ha mantenido básicamente su consistente oferta educativa del siglo XIX. Y con razón, pues desde la segunda mitad del siglo XIX los hombres que forjaron la cultura alemana estudiaron en los gimnasios clásicos. A una honda formación clásica añadían el estudio de la lengua, literatura e historia de Alemania y el de las matemáticas. Era un bachillerato de nueve años, con ocho horas semanales de latín en los primeros cinco años, y siete en los cuatro últimos. Al griego le dedicaban seis horas desde el cuarto año.[57] Posteriormente Alemania ha concedido autonomía educativa a las distintas regiones *(Länder)* y ha conservado con bastante fidelidad el programa de humanidades clásicas.

GRAN BRETAÑA. En casi todos los planes de las distintas universidades y secciones ha habido seis años de latín y griego como disciplinas principales. Ante crecientes discusiones sobre el sistema clasicista, en 1919 se formó una comisión para estudiar cuál debía ser el lugar de los clásicos en el sistema educativo inglés. En

---

[57] Además, al alemán le dedicaban 26 horas semanales, a la historia 17, a matemáticas 34 en los nueve años, a las ciencias 18.

1923 la comisión publicó su informe de 308 páginas, en cuya conclusión se lee:

"Los clásicos nos merecen especial interés, y deseamos vindicar sus derechos en el sistema de educación de nuestro país. [...] Nos hemos ido convenciendo de que no hay esfera de vida nacional y de pensamiento nacional que no esté relacionada con el objeto de nuestro estudio. El pensamiento antiguo está enlazado con la vida moderna. En nuestra teoría política, en los hábitos de pensar y de imaginar que forman al hombre de ciencia, en las leyes del pensamiento que informan la filosofía y la teología, en los impulsos, simpatías e intuiciones del poeta, en la ciencia y previsión del administrador; la obra, los ideales y el espíritu de Grecia y Roma son elementos vitales para el más amplio desarrollo de nuestra civilización. *Sería un desastre nacional el que los estudios clásicos desaparecieran de nuestra educación o se los confinase a una reducida clase de la sociedad. No deben ser estos estudios un privilegio exclusivo de nuestras clases directoras. Porque lo que contribuye al desarrollo de las mejores inteligencias no debería negarse a ninguna persona de nuestro pueblo. [...]*[58]

---

[58] A. CAYUELA, S.I., *Humanidades Clásicas*, Zaragoza 1940, pp. 664-666. Prosigue el mismo informe: "Ninguna persona que haya prestado seria atención a esta materia puede dudar que la prosperidad económica, política, social y moral de una sociedad depende prin-

FRANCIA ha ofrecido tres tipos independientes de bachillerato: a. *Humanidades clásicas,* que dedican siete años al latín y al griego. b. *Humanidades modernas I:* estudian latín, matemáticas y lenguas modernas. c. *Humanidades modernas II:* ofrecen clases especiales de libre elección, de filosofía y matemáticas.

ITALIA distingue tres tipos de bachillerato: a. Gimnasio: cinco años, con predominio casi absoluto de las lenguas clásicas y del italiano. b. Liceo clásico: tres años dedicados a las lenguas clásicas, filosofía y ciencias. c. Liceo científico: cuatro años con predominio de las ciencias; y además latín, griego e italiano. En el Liceo clásico ha habido once horas semanales para el latín, once para el griego y once para el italiano, 33 horas en total. Y han dedicado 45 a las demás disciplinas a lo largo de tres años: Historia, filosofía, geografía, historia del arte, física y química, ciencias naturales.

---

cipalmente del desarrollo de un sistema nacional de educación que, mientras asegure a cada niño el abastecimiento necesario para desempeñar su papel en medio de las complejas condiciones de la moderna sociedad, pueda también recrearle con ocupaciones que le ennoblezcan y dar a su vida un ideal espiritual. Y nosotros seríamos de parecer que en semejante plan de educación *el estudio de la literatura, arte, ciencia, historia y filosofía de Grecia y Roma no se puede reemplazar por ningún otro que en ambos aspectos sea tan comprehensivo y tan eficaz." (Ibíd).*

ESPAÑA, que había aportado en siglos pasados humanistas de la talla de Cervantes, Lope de Vega y Calderón de la Barca, continuó produciendo por el contacto con los clásicos grecolatinos de sus planes de estudio de bachillerato -antes y después de su guerra civil-, autores de la talla de Miguel de Unamuno, Juan Ramón Jiménez, Gregorio Marañón, Pedro Laín Entralgo... Y humanistas importantes -aunque menos conocidos- como Sergio Rábade, Isidoro Rodríguez, Alfonso Ortega, Antonio Fontán, F. Lázaro Carreter...

ESTADOS UNIDOS ha visto hasta mediados del siglo XIX el predominio del clasicismo, luego el del utilitarismo. Posteriormente, hasta 1930, se exigían cuatro años de latín y dos de griego antes de ingresar a la universidad. En épocas más recientes ha predominado en ocasiones cierto pragmatismo en los programas educativos, lejos de la confesión que, sobre las humanidades clásicas, nos dejó Thomas Jefferson: "Yo me reconozco deudor a mi padre del beneficio de haberme concedido por medio de mis estudios clásicos la satisfacción de poder gustar en sus textos originales las grandes obras de Grecia y Roma."[59]

AMÉRICA LATINA ha hallado en el humanismo grecolatino "una de nuestras más hondas y fecundas raíces,

---

[59] A. CAYUELA, S.I., *Humanidades Clásicas*, Zaragoza 1940, p. 691.

uno de los elementos vitales y específicos que han plasmado nuestra fisonomía espiritual".[60] Las humanidades han buscado promover la capacidad interpretativa que dé sentido a la vida, alcance y solidez con el paso del tiempo.[61] Y las universidades que han valorado las humanidades, han ido concretando y mejorando su oferta educativa en este campo, como veremos en el último capítulo. En tiempos más bien recientes ha predominado un concepto menos preciso de las humanidades, introduciendo en los programas disciplinas como antropología, psicología, sociología...

Con el correr de los años ha crecido en las diversas naciones de Europa y América el rechazo del latín con varios argumentos: es un aprendizaje inútil, los contenidos están accesibles en traducciones, impide el desarrollo de un estilo natural y claro en el idioma materno.

De ser una elección dominante en el siglo XIX, pasó a ser una elección entre otras, y posteriormente una opción de cada vez más pocos en cada generación. "El colapso final de este sistema vino como parte de la revolución estudiantil de los años '60 que cambió el rostro de

---

[60] G. MÉNDEZ PLANCARTE, *Los fundadores del humanismo mexicano*, 1945.

[61] M. ANDRADE, *La enseñanza e investigación en humanidades* en: "Literatura: Teoría, historia y crítica", 2015.

la educación postclásica... En Francia: "¡Abajo el latín!" era un grito de los reformistas (por razones políticas), en Italia lo defendió la Democracia Cristiana y se opusieron los socialistas y comunistas. Y en cuanto a número de alumnos, en Alemania, de 2010 a 2012, los alumnos de latín bajaron de 807.839 a 705.407; y los de griego, de 15.909 en 2007 a 12.134 en 2013. En Estados Unidos de 1960 a 1978 el número de escuelas secundarias que estudiaban latín pasó de 7% a 1%, y en la universidad los alumnos disminuyeron de 7% a 2%. En 1994 solo 600 de cerca de un millón de graduados de bachillerato lo fueron en lenguas clásicas."[62] Entre 2009 y 2013 este alumnado bajó un 24%, de 53.484 estudiantes a 40.109, también por la crisis financiera de 2008.

La crisis del griego es más acentuada. Desde que dejó de ser obligatorio para el ingreso en universidades, ha bajado aún más el número de quienes lo estudian tanto entre alumnos de centros laicos como de estudios eclesiásticos. Ha habido causas históricas, como el mal método, la escasez o esterilidad de frutos, la ley del menor esfuerzo ante una disciplina difícil.

Ciertamente se necesitan aptitudes pedagógicas particulares para la enseñanza del griego, llave que abre los

---

[62] GRAFTON A., MOST G., SETTIS S., *The Classical Tradition*, Harvard 2010, 1067 pp.

tesoros de la primera literatura del mundo, fuente de la vida intelectual de Europa en muchas épocas, escuela superior de gusto artístico: "El griego es la base más sólida de formación y cultura, de ciencia y de gusto".[63] Es una lengua muy superior a la latina por su riqueza y precisión: "Es la más perfecta y refinada de las lenguas para la expresión del pensamiento humano,"[64] creadora de los géneros literarios, llave para comprender y retener mejor el vocabulario cultural y científico mundial, como queda patente, por ejemplo, en la carrera de medicina.

---

[63] A. CAYUELA, *Humanidades Clásicas,* Zaragoza 1940, p. 481.

[64] James BRICE, *Latin and Greek in American Education: with Symposia on the Values of Humanistic Studies,* 1 Agosto 2012, p. 84.

III. VALORES FORMATIVOS DE LAS HUMANIDADES CLÁSICAS

Si "Homero ha educado a Grecia"[65] y los romanos extrajeron de Grecia y de su propia historia "todas las virtudes y utilidades",[66] las humanidades poseen cualidades formativas de valor perenne, constituyen un legado universal y, por ello, tienen mucho que enseñar también en nuestros días.

Los autores clásicos grecolatinos no son modelos perfectos ni panaceas que hayan sanado todas las heridas de su época ni curado todos los males de las sociedades sucesivas. Por lo mismo, no debemos idealizarlos ni ver solo sus aportaciones positivas en la concepción del hombre, del mundo y de la sociedad. Personalidades limitadas como todas las de épocas posteriores, en sus obras presentan lados luminosos y lados oscuros de la conducta humana que, -por esa misma mezcla de logros y deficiencias, de aciertos y de errores-, son más reales, más cercanos y pueden resultar más atractivos y aleccionadores, según lo que señalaba con sensatez en

---

[65] PLATÓN, *República*, 606.

[66] PLINIO, *Historia natural*, XXV 2.4.

el prólogo de su obra Tito Livio: "Lo que principalmente hace que el estudio de la historia sea sano y provechoso es esto, que contemple las lecciones de todo tipo de experiencia expuestas como en un monumento ilustre; de allí puedes elegir para ti y para tu propio estado qué imitar, de allí puedes marcar para evitar lo que es vergonzoso en la concepción y vergonzoso en el resultado."[67]

Así, aunque deba distinguirse mediante atento análisis y diálogo la paja del trigo en determinadas obras y autores, los clásicos contienen de ordinario en sus obras más trigo y de buena calidad, ofrecen una verdadera educación y, así, maduran a quien los estudia.[68] Brindan al lector "lo bueno con dulzura de bien decir."[69] "Aportan luz y una visión clara para orientarnos, sin ir más allá del bien y del mal."[70] Contienen, pues, valores formativos importantes.

---

[67] TITO LIVIO: "Hoc illud est praecipue in cognitione rerum salubre ac frugiferum, omnis te exempli documenta in inlustri posita monumento intueri; inde tibi tuaeque rei publicae quod imitere capias, inde foedum inceptu, foedum exitu, quod vites", *Ab Urbe Condita* I, Prólogo.

[68] C. KOPFF, *The Devil knows Latin, Why America Needs the Classical Tradition,* ISI Books, Wilmington 2001, 327 pp.

[69] H. PÉREZ DE OLIVA (1492-1533), Lema de los colegios de jesuitas.

[70] R. SPAEMANN (1927-2018), filósofo alemán.

i. Los autores grecolatinos de la antigüedad forman porque son *"clásicos"*: sobresalen en su género y han ganado una grande aprobación y autoridad a lo largo de los siglos. Son clásicos por su vigor y equilibrio de todas las facultades, destacando entre ellas una inteligencia acertada, aguda y sencilla, propia del genio.

En este sentido, el primer gran clásico es Homero, con sus dos obras, la *Ilíada* y la *Odisea*. Él crea y coloca en el escenario de la literatura mundial dos géneros literarios de valor permanente: la poesía épica y la novela de aventuras, respectivamente. Y lo formula en hexámetros, que pasan a ser metros poéticos solemnes, ágiles y variados -o solemnes y pausados- que los mejores poetas posteriores admirarán y emularán. Desde entonces también Aquiles y Odiseo son dos personajes conocidos por sus cualidades ejemplares y sus peripecias, símbolos del valor y de la astucia.

En esta primera nota –*"clásicos"*- admira su bien formado gusto artístico, la sensatez de su juicio estético, el acierto en sus criterios, normas y opiniones. Sobresalen, asimismo, por la lengua nacional magistralmente estructurada, precisa, perfectamente desarrollada y con máximo esplendor en sus mejores autores y por el uso artístico del estilo; por la proporción entre la idea y la forma, la fusión entre la belleza ideal y la imagen sensible. Por su transparencia, proporción, serenidad.

Por la coherencia interna de sus protagonistas... "En la literatura clásica, lo que más importa no es el *qué,* sino el *cómo;* aunque lo definitivo es la conjunción, *la profunda armonía entre contenido y forma."*[71] Un clásico, en este sentido, *"dice mucho y bien en poco".* Otros autores frecuentemente *"dirán poco y mal en mucho".*

2. Forman porque son *universales.* Sus obras, sus caracteres, sus mensajes son fácilmente inteligibles por todos. Basta tener algo de perspicacia para comprender la valentía de Aquiles, la astucia de Odiseo, la coherencia y obediencia a los dioses de Sócrates, la "piedad" de Eneas... "El arte y la poesía hablan del mismo modo a cualquiera que pueda usar su imaginación y gozar de la belleza. No tiene que colocarse la armadura, o los anteojos de ningún sistema nuevo, para entenderlos; solo tiene que liberarse del suyo: tarea de más provecho y menos fatigosa."[72]

Promueven la reflexión humana sobre los grandes interrogantes de la humanidad de todas las épocas; por ejemplo, sobre la relación con los dioses, las leyes divinas y las normas humanas. La *Antígona* de Sófocles nos

---

[71] A. ORTEGA C., *Las humanidades clásicas en nuestra cultura,* Conferencia del 7 de diciembre de 1970.

[72] G. MURRAY, *El valor de Grecia para el futuro del mundo,* p. 24, en: R. LIVINGSTONE, *El legado de Grecia,* Pegaso, Madrid 1976, 587 pp.

enseña grandes verdades sobre la piedad y la ley, la ley natural y la ley escrita. Por esta protagonista sabemos que hay que obedecer antes las leyes no escritas, grabadas por los dioses en la conciencia de todo ser humano, independientemente de su lengua, sexo, raza o cultura; caemos en la cuenta de que hay que obedecer en primer lugar las leyes divinas; y advertimos que las órdenes de un tirano son arbitrarias en ocasiones importantes y hay que estar dispuestos incluso a morir antes que quebrantar las leyes divinas no escritas.[73]

Además, los clásicos son universales porque reflexionan sobre otros temas que afectan a todo corazón humano: el sentido de la vida y del tiempo, de la patria y del honor, del amor y de la amistad, del deber y de la misión, del placer y del dolor... En este sentido y sobre estos argumentos, conviene no olvidar que la *Eneida* de Virgilio ejerció una profunda influencia en Occidente y fue uno de los libros que más contribuyeron en la formación de Europa durante muchos siglos.

3. Forman por su *veracidad:* "La veracidad es otro aspecto de la literatura griega, quizá el más importante. Por eso dieron a Europa el concepto de la filosofía y de la ciencia. Es espontánea, natural y sin esfuerzo; la cualidad nativa del artista que ve y se olvida de sí mismo en la

---

[73] SÓFOCLES, *Antígona,* vv. 450-460.

visión. No es realismo fotográfico impersonal, ni negro realismo: muchos modernos pueden describir fielmente lo desagradable, pero sus efectos son con frecuencia brutales y siempre deprimentes."[74] "Tampoco es mera objetividad, sino veracidad. Al evitar lo didáctico, no falsearán la verdad para ajustarla a conveniencias personales; al evitar la retórica, no la sacrificarán a frases bellas; al eludir el sentimiento y la fantasía, no tratarán de agradar a sus propios sentimientos o a los de sus oyentes a expensas de la verdad; al evitar el misticismo, no cambiarán los hechos por un mundo de emociones."[75] Por ello los clásicos valoran y aman la verdad. La consideran una luz dulce: "Nada hay más dulce que la luz de la verdad."[76] Y la aprecian más que cualquier amistad, por importante que sea: "Platón es mi amigo, pero más amiga es la verdad."[77]

4. Forman por su *fondo humano*. Muestran un *profundo conocimiento del corazón humano*. Han sabido cantar al hombre, sus acciones y pasiones, penetrando en la índole del alma humana con su grandeza y su pequeñez, sus fortalezas y sus debilidades, los móviles ocultos de

---

[74] R. LIVINGSTONE, *El legado de Grecia, Literatura*, pp. 366-367, Pegaso, Madrid 1976, 587 pp.

[75] Ibíd., pp. 370-371

[76] CICERÓN, *Académicos* 4.

[77] Cf ARISTÓTELES, *Ética a Nicómaco*, I, 6.

sus acciones, sus aspiraciones espirituales y sus tendencias egoístas y miopes. Son una fuente preciosa de información práctica sobre nuestro mundo, la condición humana (personas y vicios..., ideales...).[78] Lo mejor del espíritu de Grecia y Roma está reflejado en las obras de sus escritores, artistas, oradores, historiadores, filósofos. Sus obras son un cuadro de la vida humana: el puesto de la divinidad en la vida del hombre, las relaciones familiares, la alegría de los vencedores y poderosos, los remordimientos de los culpables, el carácter efímero de toda existencia humana, las atracciones y repulsiones del corazón: *"Habiendo experimentado el mal, aprendo a socorrer a los desgraciados."*[79] Verdaderamente, como decía Marcial: *"Nuestra página sabe a hombre."*[80] Por ello son siempre actuales y objetos de admiración por tantos grandes hombres a lo largo de la historia. Sirva como testimonio esta doble reflexión de Goethe: "[Las obras literarias griegas] están marcadas por la grandeza, la perfección, la cordura, la completa humanidad, una alta filosofía de la vida, una elevada manera de pensar, una poderosa intuición."[81] "Al lado de los grandes

---

[78] R. HOWARD BLOCH, *Good Uses of the Humanities in Bad Times,* Humanities Program, Yale U., Read 17.Nov.2011.

[79] VIRGILIO, "Non ignara mali miseris succurrere disco" *Eneida I,* 630.

[80] MARCIAL, "Hominem pagina nostra sapit", *Epigramas X, IV,* 10.

[81] GOETHE, *Gespräche (Conversaciones),* 3, 387.

poetas áticos, como Esquilo y Sófocles, yo no soy absolutamente nada."[82]

En ellos aparecen las distintas edades y condiciones humanas, las aficiones de los hombres, la sociedad humana con los políticos, las formas de gobierno y el gobernante ideal, los filósofos, los poetas; los éxitos y los fracasos de las personas y de las naciones con sus causas y sus consecuencias.[83] Una bella síntesis es esta página del emperador filósofo, Marco Aurelio: "¡La vida humana! Su duración es momentánea; su sustancia es un flujo constante; sus sentidos, oscuros; su organismo físico, perecedero; su conciencia es un vórtice; su destino, oscuro; su fama, incierta. De hecho, el elemento material es una corriente fugitiva; el elemento espiritual, sueños y humo; la vida, una guerra y una estancia en un país lejano; la fama, el olvido. ¿Qué podemos deducir de esto? Una cosa, y solamente una: la filosofía, lo que significa conservar el espíritu limpio y sin deshonor, sin dar paso al placer ni al dolor, sin actuar irreflexivamente, o engañosamente, o de modo insincero, y sin depender nunca del apoyo moral de otros. Significa también tomar lo que venga con serenidad, como parte del proceso al que debemos nuestro propio ser y, por encima de todo, significa afrontar la muerte con calma,

---

[82] Ibíd., 3, 443.

[83] TUCÍDIDES, *Historia de la guerra del Peloponeso III*, 87.

tomándola simplemente como una disolución de los átomos de que todo organismo vivo está compuesto. Su perpetua transformación no daña a los átomos; ¿por qué entonces habíamos de temer que todo el organismo se transforme y disuelva? Es una ley de la naturaleza, y la ley natural no puede equivocarse nunca."[84]

5. Forman por la *psicología normal* de sus personajes: "Los griegos están libres del dominio de lo anormal, que constituye un peligro de la literatura moderna; [por lo general] no exploran las aberraciones sexuales ni otras, ni estimulan a sus lectores a explorarlas. Están igualmente libres de ese predominio de lo inesencial que, lo mismo en la vida que en la literatura, es un vicio más inocente, pero más sutil y quizá igualmente ruinoso. Por eso su sencillez es refrescante y saludable."[85] Los caracteres de los héroes y heroínas son en la mayoría de los casos normales y equilibrados en su rico mundo interior: la valentía y delicadeza de Héctor, la ternura y fortaleza de Andrómaca, la decisión y la pasión de Edipo, el rico patrimonio interior de Eneas, los gustos finos y la sensibilidad poética de Horacio... Y por esta misma característica descubrimos -por otro lado- en Andrómaca también el temor, en Edipo sus arrebatos de cólera, en Horacio la incoherencia en sus prácticas religiosas...

---

[84] M. AURELIO, *"Eis eautón", (Meditaciones / Para sí mismo)* II.

[85] A. CAYUELA, S.I., *Humanidades clásicas*, Zaragoza 1940, p. 354.

Todos estos personajes transparentan -con sus luces y sus sombras- una personalidad normal en sus acciones de ciudadanos comunes en una guerra difícil, de reyes marcados por el destino, de protagonistas, fundadores y padres de la raza latina, de intelectuales de la corte de Augusto... Y detrás de ellos podemos descubrir también nosotros actitudes, dudas, pasiones, contradicciones y decisiones parecidas que nos permiten reconocernos en ellos y seguir creciendo en medio de nuestro ambiente, de nuestras alegrías y pruebas diarias y esporádicas.

6. Forman por la *libertad originaria* que manifiestan y fomentan con sus obras: "Sentimos en general [al leerlas] una gran ausencia de trabas: el espíritu humano es libre, más bien inexperto, intensamente interesado por la vida y lleno de esperanza, buscando en todas direcciones aquella excelencia que los griegos llaman *areté* y guiados por algún instinto peculiar hacia la mesura y la belleza."[86] Así se mueven Príamo en su vocación de rey, esposo y padre en la *Ilíada,* Paris -hijo, joven y soldado- en su afán seductor de la bella extranjera Helena, el valiente Aquiles al suplicar a Príamo la entrega del cadáver de su amigo Patroclo... Esta misma libertad originaria impulsa a Heródoto a viajar para conocer mundo y crear con su inquietud y método el primitivo

---

[86] G. MURRAY, *El valor de Grecia para el mundo futuro* en: LIVINGSTONE, *El legado de Grecia,* Pegaso, Madrid 1976, p. 26.

género histórico; y a Pericles en el ejercicio de su liderazgo político y militar en Atenas. Esta misma libertad -y su peligro- impulsa a Demóstenes a intervenir en la vida pública con sus discursos patrióticos contra el enemigo extranjero...

Esta libertad originaria es una virtud que también el lector puede admirar e interiorizar. Por lo mismo, la lectura de los clásicos nos libera de convencionalismos y de prejuicios, de nacionalismos, regionalismos o aldeanismos culturales y del fanatismo. Los clásicos son, así, un viaje y un aprendizaje continuo "en el extranjero". Nos enseñan a apreciar valores que van más allá del ambiente geográfico o cultural en el que nos movemos, como la nobleza, la excelencia, la apertura, la magnanimidad. No leerlos es mantenernos atados a costumbres, formulismos o métodos que pueden encerrarnos en nosotros mismos y empobrecernos.

7. Forman porque son *antiguos*. Y esta es una ventaja: su lenguaje, estilo, argumento... carecen del interés y de la curiosidad de lo actual. Concentran la atención en el arte literario y exigen un esfuerzo mayor para penetrar en un mundo de ideas nuevo para el estudiante, expresado en una lengua como el latín y el griego. Por ser antiguos son sencillos y menos complejos que autores sucesivos; son concretos e individuales. Y son también perennes, pues han durado más de veinte siglos

llegando hasta nosotros a través de los años. Tratan, por lo demás, de dos culturas cuyo ciclo histórico es completo y se puede ver en sus inicios, su desarrollo y su declive. Y así se convierten en dos fuentes de aprendizaje importantes para juzgar el valor histórico de otras culturas más recientes, concluidas también o aún en algún punto de su desarrollo.

En efecto, nadie ahora pertenece a la clase social de los patricios romanos, ni es cónsul, ni vive en la Galia de hace más de veinte siglos. Por lo mismo, si toma en sus manos *La Conjuración de Catilina* de Salustio o *La Guerra de las Galias* de Julio César, no lo hace porque le afecte en su presente ni el protagonista de la primera obra, ni las campañas y batallas del emperador romano. Lo hará, sin embargo, si desea conocer a fondo un personaje turbio como Catilina o las condiciones sociales y políticas que lo indujeron a su conjuración como lo expone Salustio; o porque desea aprender la claridad y concisión del estilo de Julio César, o sus variadas estrategias militares.

8. Forman por su *precisión* y su *exactitud:* la atención a cada palabra, a su composición y a su desinencia nos da a conocer su valor y su sentido profundo, aporta un gran rigor de pensamiento que nos permite comprender y expresar mejor nuestras ideas y opiniones. En este sentido: "El estudiante que quiere entrenarse en la

elección de la palabra más apropiada para expresar su pensamiento no tiene mejor camino que la traducción del griego y del latín. De esta manera desarrolla hábitos de análisis, hábitos de elección consciente de palabras, hábitos de cuidadosa comprensión del significado que otro ha buscado comunicar con palabras escritas, camino para alcanzar el dominio de la expresión y del pensamiento claro. Tales hábitos son más valiosos para un abogado que toda la información que una escuela moderna puede esperar impartir."[87]

Estas dos notas son más dignas de admiración, por ejemplo, en la expresión poética de estos versos de Horacio: *"Coelum, non animum mutant, qui trans mare fugiunt"* (Cambian el cielo, no el ánimo, los que huyen al otro lado del mar).[88] O en este verso de Virgilio: *"Dis aliter visum!"* (¡A los dioses les pareció de otra manera!)[89]

Aunque no hable latín ni griego, el contacto directo con textos notables de esas dos lenguas me ayudará a razonar mejor en circunstancias difíciles, a comunicar de un modo preciso, exacto, efectivo; a construir pensamientos más lógicos y lucidos, fruto del estudio de la prosa

---

[87] P. ROSCOE (1870-1964), decano de Derecho en la universidad de Harvard.

[88] HORACIO, *Epístolas I* II 27.

[89] VIRGILIO, *Eneida II* 428.

clara y limpia del latín.[90] Y esta mejora tendrá sus repercusiones positivas en la vida familiar, en las relaciones sociales, en el desempeño de la propia profesión, en la vida económica, en los discursos en el parlamento...

9. Forman por su *brevedad:* "Los autores antiguos son más concisos: el Edipo Rey tiene 1530 líneas, mientras que solo los dos primeros actos de Hamlet tienen más de 1600... Todo Tucídides podría imprimirse en una edición de *The Times* de veinticuatro páginas, y sobraría espacio; el ensayo de Aristóteles sobre la poesía, que durante siglos señaló los principios del arte dramático, tiene veinticinco breves páginas; la *República* de Platón, que ha tenido más influencia que ninguna otra obra filosófica, tiene poco más de trescientas... Son breves porque, evitando atajos y complicaciones, recargamientos o detalles minúsculos, se lanzan sobre los rasgos centrales de su cuadro con una fácil economía de líneas."[91]

Logran, de este modo, acuñar múltiples sentencias, cortas en su expresión y profundas en su mensaje. Sirvan como ejemplos estos dos versos, el primero de Horacio: *"Morti debemur nos nostraque"* (Nos debemos a la muerte

---

[90] D. GALLAGHER, del seminario de Detroit.

[91] R. LIVINGSTONE, *El legado de Grecia, Literatura,* p. 348, Pegaso, Madrid 1976, 587 pp.

nosotros y nuestras cosas).[92] Y el segundo de Virgilio: *"Non haec sine numine divum eveniunt"* (Esto no ocurre sin la voluntad de los dioses).[93]

10. Forman por su *sencillez* en la visión del hombre en sí mismo y en sus relaciones con los demás. Siguiendo esta intuición, H. Schliemann (1822-1890), arqueólogo alemán, distinguió las principales obras del arte clásico griego por dos de sus principales características: su noble sencillez y su serena grandeza. Frente a la complejidad de la historia y del pensamiento modernos que fácilmente nos desorientan, ellos son los modelos pequeños, simplificados, en que aprendemos los principios fundamentales... *La sencillez y la claridad con que van suscitando uno tras otro los problemas fundamentales de la vida y del pensamiento preparan mejor a los jóvenes para el estudio de esos mismos problemas que los autores modernos.*[94]

Así, en Pericles vemos las cualidades de un estratega y un estadista sencillo, que se enorgullece con simplicidad del nivel de progreso de Atenas en el campo militar y artístico, que pronuncia con sentimientos auténticos y naturales el discurso en alabanza de los atenienses

---

[92] HORACIO, *Carta a los Pisones* 63.

[93] VIRGILIO, *Eneida II* 777-778.

[94] VARIOS en: PÉRFICIT, *Valor de la educación clásica*, n. 24, Julio de 1947.

caídos en guerra. Ocupa con honradez el puesto para el que fue elegido, aunque también tuvo que afrontar varios juicios por corrupción, dejando ver así otro lado de su personalidad, el lado turbio, que lo hace más cercano y parecido al corazón de todo hombre, mezcla y fuente de problemas personales y sociales.

11. Forman por su *originalidad,* llena de naturalidad o espontaneidad perfeccionada por el arte, y de plenitud humana, fruto de la intervención armónica de todas las facultades en un orden lúcido.[95] Son sanamente originales: "Los principios de casi todas las cosas grandes que los espíritus cultivados aman hoy surgieron en Grecia."[96] "Teatro lírico, drama -tragedia o comedia- escenario, prólogo, diálogo, caracteres, metros, coro, orquesta: huellas griegas todas en la vida intelectual del mundo... La épica, la lírica, la elegía, el teatro, la didáctica, la poesía, la historia, la biografía, la retórica y la oratoria, el epigrama, el ensayo, el sermón, la novela, las cartas y la crítica literaria tienen su origen en Grecia... La posteridad ha desarrollado estos géneros, pero no ha podido añadirles ninguno."[97]

---

[95] HORACIO, *Carta a los Pisones o Ars Poëtica,* 41.

[96] G. MURRAY, *El valor de Grecia para el futuro del mundo,* p. 18, en: R. LIVINGSTONE, *El legado de Grecia,* Pegaso, Madrid 1976, 587 pp.

[97] R. LIVINGSTONE, *El legado de Grecia, Literatura,* Pegaso, Madrid 1976, 587 pp.

En esta nota de su originalidad, conviene recordar que ellos son los primeros autores que conocemos en los distintos géneros literarios. Homero fue el primer poeta épico. Sócrates fue el primer filósofo que estudió con profundidad al hombre y quien por primera vez eligió el diálogo informal para tratar con espontaneidad y amenidad argumentos importantes que legaría como temas perennes en la gran tradición del pensamiento occidental: la belleza, la verdad, la justicia, el lenguaje... Pudieron valerse de modelos -desconocidos por nosotros-, pero esto mismo realza la grandeza de su originalidad y el juicio de la historia sobre lo singular y valioso de sus obras.

Los autores clásicos crearon como ningún otro pueblo. Formularon distintos cánones de belleza y de verdad: "Las leyes conforme a las cuales las cosas son bellas o feas, fueron en gran parte descubiertas y formuladas allí. El concepto de verdad como un fin que hay que perseguir por amor a ella misma... quizá no ha sido nunca tan claramente comprendido como por los primeros escritores griegos que se ocuparon de ciencia y de filosofía."[98]

---

[98] G. MURRAY, *El valor de Grecia para el mundo futuro* en: R. LIVING-STONE, *El legado de Grecia,* Pegaso, Madrid   1976, p. 30.

En este estilo original brillan también su sentido de observación, selección de datos, comparaciones y metáforas, retratos coherentes de los personajes, sus atinadas descripciones, interesantes narraciones, ricos diálogos, género histórico, la síntesis que logra del estilo griego y el latino: la gracia ática y la majestad romana y la admiración de los modelos griegos por parte de un latino como Horacio que aconseja a sus lectores, los contemporáneos a él y los de épocas sucesivas: *Vosotros revolved en vuestras manos los modelos griegos de noche y de día.*[99]

12. Forman por su *belleza,* y la contemplación de lo bello nos mejora: su belleza pinta la compleja psicología humana con fiel verdad y frecuentemente con datos sensoriales e imaginativos que captan la atención del estudiante y le proporcionan criterios estéticos importantes que armonizan lo real y lo ideal. Y retratan la naturaleza con variados colores que transmiten estados anímicos de un modo original y encantador:

"La belleza en las obras griegas no es ornamental: es estructural, directa y sencilla. Sus líneas y su estructura son sencillas: frente a lo abigarrado de arabescos, vidrios de colores y gárgolas, la gente acaba por no ver nada en lo sencillo. No resulta del adorno innecesario,

---

[99] HORACIO, "Vos exemplaria graeca nocturna versate manu, versate diurna", *Carta a los Pisones o Ars Poëtica, 268-269.*

sino de la verdadera esencia y estructura del objeto. Por lo general, una estatua griega carece de todo ornamento. La poesía griega es sencilla, carente de todo ornamento inesencial, frente a la retórica profusa y una muy frecuente exageración posteriores. El lenguaje normal de la poesía griega es, en cierto sentido, sublime por su veracidad, sencillez y manera directa de expresarse, por su especial agudeza y nobleza de la lengua, modo natural de expresión de espíritus finos y nobles. Los griegos produjeron en el siglo V a.C. obras de arte, monumentos, estatuas y libros que, en vez de perecer razonablemente, perduran todavía y pueden producir aún elevados pensamientos y emociones intensas."[100]

Por lo mismo, aún hoy nos cautivan la bella serenidad del Partenón y del Zeus Olímpico de Fidias, las proporciones y el realismo del Doríforo de Policleto, la perfección de los pliegues del Auriga de Delfos, la técnica de los paños mojados del Nacimiento de Afrodita, el equilibrio inestable de la Victoria de Samotracia...

La de los griegos es una belleza nueva y superior, más abundante que la nuestra, fruto de una mayor sensibilidad que la nuestra ante la belleza. "La belleza es la

---

[100] G. MURRAY, *El valor de Grecia para el futuro del mundo*, p. 17, en: R. LIVINGSTONE, El legado de Grecia, Pegaso, Madrid 1976, 587 pp.

verdad. La verdad es la belleza: eso es todo lo que en la tierra sabes y todo lo que necesitas saber."[101]

13. Forman también por la *cultura* que aportan, por la sabiduría perenne de los clásicos grecolatinos que de un modo pedagógico y respetuoso enseñan a diario historia, literatura, arte, geografía, antropología, psicología, filología, poesía, filosofía, ética,[102] oratoria... Desde antiguo, una persona formada en los clásicos grecolatinos conoce la paciente fidelidad de Penélope, la impiedad de Polifemo, los difíciles trabajos de Hércules, la condena y la cicuta que ponen fin a la vida de Sófocles, la dura y heroica misión de Eneas en la fundación mitológica del pueblo romano, el "Vine, vi, vencí" y "La suerte está echada" de César...

Los clásicos elevan también nuestra cultura por los principios que nos dejan de una sabia tradición, legado precioso que nos orienta en una época como la nuestra. "Quien conoce -o al menos valora- las lenguas clásicas... puede llegar hasta las raíces de la tradición ética, estética e intelectual de Occidente."[103] Toda esta "erudición"

---

[101] KEATS, *A una urna griega,* 1819.

[102] CICERÓN, "La ética es medicina del alma." *Tusc. Disp.* III, 5. "Guía de la vida, buscadora de la verdad y expulsadora de los vicios." *Tusc. Disp.* V, 2.

[103] C. GARCÍA GUAL, *Avisos humanistas*

nos hace "e-ruditos", es decir, personas que "han salido de su condición ruda o de ignorancia." Nos hace valorar la tradición como ese marco de referencia necesario para continuar las conversaciones entre generaciones.[104]

14. Forman porque son un importante *vínculo con el pasado* y sus valores. Su lectura nos enriquece porque nos ayuda a valorar las otras culturas y a relativizar la propia, en comparación con las demás. Nos enseñan a apreciar valores como la nobleza, la excelencia, la apertura, la magnanimidad. Son fuente de inspiración de la vida y literatura moderna, de su historia y ciencia política. A partir de los autores clásicos, quien desee conocer buena poesía épica ha de remontarse a Homero o a Virgilio, los grandes dramaturgos encuentran modelos que imitar en las obras de Esquilo, Eurípides y, sobre todo, de Sófocles. Por lo mismo, la obra trágica más imitada -a la que se vinculan dramaturgos importantes de las distintas épocas históricas- es la *Antígona* de Sófocles. Y los grandes oradores y estadistas continúan aprendiendo de Demóstenes y de Cicerón como de dos fuentes del pasado de las que aún hoy siguen manando abundantes lecciones para quienes se acercan deseosos de aprender lógica y pasión, patriotismo y educación cívica, propuestas claras y oportunas en crisis nacionales...

---

[104] S. AHMARI, *Unbroken Thread – Discovering the Wisdom of Tradition in an Age of Chaos*

Grandes autores de los tiempos modernos se remontan a ellos y siguen impregnados de su clasicismo. Esta experiencia lleva a escribir a Menéndez Pelayo: "La falta de humanidades nunca se repara del todo." "No leerlos es perder una rica herencia de sabiduría sobre Dios, el hombre, el mundo. Y no encontrar estos valores en los clásicos es muy probablemente no encontrarlos nunca después.[105]

15. Forman porque nos permiten desarrollar nuestra *"empatía"*, esa característica de nuestra emotividad, esencial para entendernos a nosotros mismos y a los demás con afecto, comprensión, ternura. Así, quien lee con atención el libro VI y el XXIV de la *Ilíada* -la despedida de Héctor, la audiencia que Aquiles concede a Príamo cuando este le solicita el cadáver de su hijo Héctor para sus honras fúnebres- identifica hondos sentimientos humanos de amor conyugal, paternal y maternal en el primer caso; y de dolor paterno y compasión de un héroe humano y valiente en el otro. Y encuentra parecido cercano con esos protagonistas y sus sentimientos, que van más allá del pasaje y permean tantas páginas de historias personales, familiares, nacionales...

Los clásicos nos enseñan a llorar con Eneas al ver ya en los frisos de Cartago escenas dolorosas de la guerra

---

[105] L. COWAN, *The Necessity of the Classics* en: *First Principles,* 5 de febrero de 2008.

de Troya, y a alegrarnos serenamente con Horacio a la vuelta de la primavera; aprendemos a sufrir con Edipo por los pasos que va dando hacia el desenlace de *Edipo Rey,* y a extraer serenidad y fortaleza al final de su existencia por la aceptación de su destino en *Edipo en Colono.*

16. Forman porque *preparan humanistas,* tan necesarios en un mundo tecnificado y con tantos compartimentos especializados como el nuestro; es decir, las humanidades preparan hombres bien formados, espíritus juiciosos y ponderados -fruto del estudio de las letras- que tienen una visión más global y objetiva de las personas y de las cosas en decisiones individuales o profesionales de diversa índole. Ellos son capaces de ver primero el todo y luego las partes para alcanzar la verdad de las situaciones y promoverla razonablemente entre sus semejantes. Tienen así, también, mayor aptitud aun para las asignaturas no clásicas y pueden en la universidad ser iniciados en todo tipo de ciencias.[106] Y pueden, asimismo, transmitir sus mensajes con pujanza, convicción, profundidad y belleza.

Análogamente y por quedarnos en el campo de la creación artística, los grandes autores de cada nación (historiadores, literatos, artistas, músicos...) son reconocidos

---

[106] Profesores de la Escuela Politécnica de París, *Revue de deux Mondes*, t. CVI, p. 601.

como clásicos y universales por contener en sus obras las cualidades que he mencionado en este capítulo. Son deudores, con mayor o menor consciencia, de los autores grecolatinos clásicos. Y conviene estudiarlos en la medida de lo posible por los grandes valores e ideales que supieron encarnar en sus creaciones literarias, artísticas, musicales... y en sus protagonistas. Han contribuido también grandemente a la riqueza cultural de la humanidad y se han convertido en parte del patrimonio universal de todas las naciones.

Concluyo este apartado con las citas de dos grandes humanistas, autoridades en sus respectivos campos: la cultura clásica y la historia: R. Curtius (1886-1956), humanista alemán, y A. Toynbee (1889-1975), historiador inglés. Formados en los clásicos, hacen ver la importancia de las humanidades en sus campos de estudio e investigación:

"De Homero procede toda nuestra poesía; de Platón, nuestra sabiduría; de Aristóteles, nuestra ciencia; de Plotino, nuestra mística. No construimos ya pilones y pirámides, pero las columnatas y entramados de los templos griegos son todavía formas fundamentales de nuestra arquitectura. Los dioses egipcios, con cabeza de pájaro, resbalan sobre nosotros su extraña mirada, pero los dioses griegos, desde el más arcaico y hierático Apolo, encarnan para nosotros el canon de la belleza humana. A los griegos debemos norma y medida para los sentidos y para el espíritu. (...) Si reconocemos con Troeltsch que lo que distingue lo europeo dentro de la historia del mundo es su asimilación ininterrumpida del mundo antiguo, y deducimos de ahí su tendencia a pensar históricamente y a formarse en la historia, afirmamos al mismo tiempo que nunca cuidaremos bastante del contacto incesantemente renovado con el mundo antiguo.[107]

"Para un historiador creo que una educación clásica es un don inapreciable. Como terreno de adiestramiento, la historia del mundo grecorromano tiene méritos relevantes. En primer lugar, para nosotros la historia grecorromana es visible en perspectiva y podemos contemplarla en su totalidad, en contraste con la de la civilización occidental, que es todavía un juego inacabado... En segundo lugar, el campo de la historia grecorromana no está sobrecargado y oscurecido con exceso de información. Los materiales que han llegado hasta nosotros no solo son manejables en cantidad y selectos en calidad, sino también equilibrados en su carácter... El tercero, y quizá el mayor mérito, es que su perspectiva es más ecuménica que parroquial."[108]

---

[107] E. R. CURTIUS, *El humanismo como iniciativa,* Revista de Occidente n. 109, 1932, pp. 11-13.

[108] A. TOYNBEE, *My View of History,* 1947.

IV. METODOLOGÍA HUMANÍSTICA

Las humanidades clásicas tienen su propio método, es decir, un "camino" para alcanzar una meta en el ambiente general del contacto directo del alumno con los mejores autores de Grecia y de Roma. Este método busca orientar de modo eficaz la actividad personal del estudiante como una rampa de lanzamiento para alcanzar los objetivos de las humanidades. Esta metodología logrará resultados distintos, según sean quienes afronten esta formación: "Hay tres categorías de alumnos. Unos, los malos, que no son capaces de hacer lo que se les encomienda. Otros, los buenos, que cumplen bien con el encargo del profesor. Otros, muy pocos, los excelsos, que superan con el propio afán el deber más riguroso; los que inventan nuevos deberes, los que crean, en suma, una curiosidad nueva."[109]

Las páginas siguientes son, por un lado, fruto de una experiencia en el campo de la formación de distintas generaciones, en el caso de la metodología general; y, por otro, reflejo de fidelidad a la historia de las humanidades, en el caso de la metodología particular. En este

---

[109] G. MARAÑÓN, *Obras Completas,* Espasa-Calpe, I 104.

último caso, soy consciente de que, tratándose de métodos, pueden cambiar y, por lo mismo, las presento como sugerencias. Han producido buenos frutos, pero no son esenciales y otros métodos pueden también obtener resultados convincentes. Aquí, como en otros campos, por sus frutos los conocerán.

Podemos distinguir, pues, una metodología general y otra particular.

A. Metodología general

1. Partimos de algunas *actitudes básicas* que contribuyen grandemente en el aprovechamiento académico del alumno: creer en las propias capacidades y en la importancia de las humanidades, *ilusionarse* por las metas que se propone alcanzar, *motivarse* en el trabajo diario pensando en el propio futuro y disponiéndose así a superar las dificultades que se presentarán, *exigirse* personalmente el logro progresivo de las metas propuestas, *seguirse de cerca* en el trabajo diario para descubrir y fomentar lo que me ayude y hacer a un lado lo que me estorbe, *aguardar* con paciencia los resultados, sin querer ver mañana por la mañana el fruto de lo sembrado esta noche.

2. Un buen método procura crear un ambiente favorable de estudio maduro, *desarrolla las facultades humanas* de inteligencia, voluntad, memoria, imaginación,

sensibilidad; enseñar a emplear el tiempo con eficacia, dar una proyección humanística y social a lo aprendido, motivar a los alumnos a la excelencia académica y al liderazgo intelectual para su presente y su futuro.

Más en particular, *desarrolla la inteligencia,* esa facultad espiritual que *intus legit* ("lee dentro"), es decir, que capta la verdad, la conceptualiza, la analiza, la sintetiza, la relaciona y la aplica en las distintas actividades de la persona y de la vida. De ella dependen en buena parte nuestros conocimientos y nuestra cultura; la claridad, profundidad, coherencia y aplicación de nuestros criterios; la rectitud de los actos humanos, la correcta jerarquía de valores, el conocimiento de la felicidad y del camino que lleva a ella, el triunfo en la profesión y en la vida. Y se forma adquiriendo conocimientos, desarrollando capacidades, interiorizando actitudes con un trabajo ordenado, continuado, positivo, esperanzado.

Desarrolla también *la voluntad.* Le muestra cómo trabajar por objetivos, aplicar medios adecuados, buscar frutos concretos. Enseña al alumno a creer sanamente en sí mismo, lo motiva y le enseña a motivarse, a exigirse, lo ejercita en la constancia y en la paciencia. Y todos estos pasos son un gran medio para formar esta facultad espiritual de la que depende, en definitiva, la conquista de uno mismo y de sus ideales.

Enseña el valor y el uso adecuado de *la memoria,* evitando dos extremos que se han dado a lo largo de la historia de la pedagogía: creer que hay que aprender todo de memoria, o que no hay que memorizar nada. Un término medio enriquece equilibradamente esta facultad humana, que se convierte en un 'secretario' fiable para la persona que la ha desarrollado y en un tesoro de cultura y brillantez que pueden contribuir mucho en una comunicación eficaz, amena y variada. Vale la pena mencionar estos dos pensamientos de Quintiliano y de Hegel: "Toda ciencia tiene su fundamento en la memoria... La memoria es el tesoro de la elocuencia..." [110] "En general, las grandes inteligencias se distinguen casi siempre por una gran memoria. Todo lo que interesa al hombre queda grabado en su alma." [111]

Y desarrolla *la imaginación:* induce al alumno a crear asociaciones de palabras o de cosas que facilitan el trabajo de la inteligencia y de la memoria y permite retener con mayor fijeza y precisión los distintos datos relevantes de un contenido.

3. Permite, en definitiva, al alumno *estudiar inteligentemente,* crear un ambiente de serenidad psicológica, condición indispensable para la concentración. Esta

---

[110] QUINTILIANO, *Instituciones oratorias, 3, 3.7.*

[111] G. W. F. HEGEL, *De lo bello y sus formas.*

se logra cuando las distintas facultades de la persona *tienen un único centro de atención* que la inteligencia entiende, la voluntad afronta con decisión y constancia, la memoria retiene y evoca, la imaginación recrea, la sensibilidad colorea y los sentidos externos captan, cada uno con su fuerza peculiar.

4. Es el momento de la *reflexión,* es decir, el control intelectual que "vuelve de nuevo" sobre cada acto y paso de la inteligencia y de todas las facultades. Es la principal actividad de una buena inteligencia, pues solo así puede analizar, sintetizar, relacionar y captar de modo unitario y orgánico un objeto (frase, párrafo, apartado, capítulo, asignatura, persona, decisión, situación, problema...). Debe preceder el trabajo de la memoria para ver cuánto de lo que tiene enfrente es realmente nuevo, qué partes o elementos ya conoce por otros cauces, dónde está la verdad, el error y los límites de esta idea, qué aplicaciones puede tener en el presente y en el futuro...

5. Un buen método, además, articula el propio trabajo formativo de modo cada vez más profesional según unos objetivos, emplea los medios adecuados y busca frutos concretos en cada caso, sin perder tiempo en improvisaciones o tareas alocadas y sin descansar hasta conseguir los resultados perseguidos en cada etapa, asignatura y actividad. El secreto aquí reside en aplicar

el principio del trabajo con *un programa, una guía y un calendario* realistas, serena y sanamente ambiciosos.

6. El método debe aplicarse con *constancia,* que es la concentración mantenida a lo largo del tiempo, fruto precioso de la voluntad.

7. Y sabe actuar maduramente ante las *dificultades más comunes:* distracciones, dispersión de los sentidos y de la imaginación, cansancio, sueño, ambiente poco favorable, falta de empeño adecuado de una voluntad débil y titubeante, carencia de una metodología adecuada, asignaturas mismas, situaciones personales... Y le ofrece sugerencias para superarlas: motivación eficaz, estudio activo -tomando notas, haciendo esquemas...- silencio interior y ambiental, lugar tranquilo y bien iluminado, distribución apta de las materias de estudio...

B. Metodología particular

Las siguientes reflexiones sirven para todas las asignaturas de las humanidades, -cada una con sus peculiaridades- en particular para las que integran el *sector o módulo clásico.* Las presento por fidelidad histórica y como sugerencias, consciente de que cada alumno o grupo, bajo la guía de un profesor, las irá aplicando en la medida en que vea le facilitan el contacto con los autores grecolatinos.

El método en la enseñanza de las lenguas clásicas y de sus autores une teoría y práctica, análisis síntesis y relación, inteligencia, memoria e imaginación. Partes importantes de esta metodología son:

1. La prelección: el profesor "pre-lee", es decir, "lee delante" de la clase, explica el texto del autor, ofrece un resumen, significado, análisis y comentario de palabras, frases, reglas, contexto y personajes de un texto. Todos estos son datos útiles para la mejor comprensión del autor que se traduce. Es un recurso que no da todo hecho ni desampara al alumno sin ninguna dirección. Así este va adquiriendo un sentido profundo de las cosas, madurez de juicio y de personalidad. Es parte esencial de la clase, "el alma de las humanidades".

"La prelección enriquece el espíritu con un sinfín de conocimientos que tienen una estrecha relación con la vida y con la belleza... Profundizando en obra cumbre, el alumno toma conciencia de la complejidad casi infinita de la creación literaria y de sus relaciones íntimas con la naturaleza... Viendo las relaciones que el análisis del profesor descubre entre el texto bello y los diversos datos de la ciencia, surge en el alumno la admiración por el genio creador y, a un tiempo, el deseo más vivo de cultivarse con coraje y perseverancia para convertirse a su vez en un hombre de valor, capaz de realizar grandes acciones. Los conocimientos adquiridos le aportan una erudición bastante amplia... Así, unos textos le harán progresar en gramática, otros en lingüística, otros en el arte de escribir, otros en poesía, otros en el ritmo y la musicalidad de las frases, otros en historia, otros en ética, otros en arqueología, otros en filosofía..."[112]

En un sentido más sintético y particular es dar a conocer al alumno el significado de algunas palabras o construcciones nuevas e importantes de un texto para facilitar la traducción, comprensión y asimilación del autor. Esta se ofrece al final de la clase.

2. *La traducción:* busca reflejar fielmente el pensamiento del autor. Es una escuela de reflexión, de búsqueda de la verdad, de rigor lógico mediante el análisis, la precisión, la belleza, la expresión actual. Enseña el planteamiento y la solución correcta de un problema (cada palabra, una frase, un período...). Es fruto del estudio minucioso y preciso del lenguaje y la combinación de sus elementos para despertar el sentimiento, la penetración y la delicadeza de la percepción. Lo va logrando en la medida en que expresa el contenido original de un modo fiel, claro, esmerado, actual, elegante en el vocabulario y la construcción. Es una verdadera disciplina intelectual. Al hacer trabajar al alumno según una estructura constante (sujeto, verbo, complementos...) aporta seriedad

---

[112] F. CHARMOT, *La Pédagogie des Jesuites,* París 1943, p. 280.

y lógica al propio modo de pensar. Ejercita también la flexibilidad mental, la facultad de comprender a otros y de entrar en su mentalidad.

"Suponer, como muchos creen, que puede captarse el valor de un gran poema estudiando un resumen en una enciclopedia o leyendo apresuradamente una traducción corriente, significa tener una deficiencia mental, una especie de sordera o de daltonismo. Las cosas que hemos llamado eternas, las cosas del espíritu y de la imaginación, parecen consistir más bien en un proceso que en un resultado, y solo pueden ser captadas y gozadas con una especie de reproducción del proceso que las produjo."[113] Y este proceso es la traducción.

3. La erudición: el profesor informa al alumno sobre hechos, costumbres, instituciones, mitos, arqueología... Con todos estos datos de interés lo va librando de su condición de "rudeza" o ignorancia, y lo va transformando en un "e-rudito." Es una preciosa ayuda para captar más a fondo la riqueza de un texto, de un autor, de una obra.

4. La preceptiva: busca dar al alumno reglas claras y principios fecundos que formen un cuerpo de doctrina necesaria para juzgar científicamente una obra. Aporta

---

[113] G. MURRAY, *El valor de Grecia para el futuro del mundo*, p. 11, en: R. LIVINGSTONE, *El legado de Grecia*, Pegaso, Madrid 1976, 587 pp.

precisión y exactitud en el pensamiento y en el discurso en un grado mayor que las lenguas modernas. *El griego clásico es el instrumento de expresión más flexible y sutil que la mente humana ha ideado.*[114]

5. La composición: el alumno "compone," produce algo. Practica por escrito temas de reglas gramaticales o sintácticas para dominar mejor las lenguas clásicas. O expone las ideas del autor en comentarios humanísticos, temas de imitación, de retroversión (traducir al latín un texto latino previamente traducido a la propia lengua), análisis escrito de los valores literarios y humanísticos de un texto, o de una obra, o de un autor... Desarrolla la concentración o fijeza de atención, el raciocinio lógico, el juicio. Lo valioso aquí no es tanto el resultado del trabajo, sino el proceso mental que afrontó el alumno.

"La composición es una parte esencial del método humanístico por razones sobre todo pedagógicas. En primer lugar, la pluma estimula a pensar de un modo preciso, lógico y completo. [...] La pluma es un maravilloso instrumento de análisis: obliga al espíritu a pasar de lo implícito a lo explícito, de lo confuso a lo distinto, de lo uno a lo múltiple. Al mismo tiempo es un instrumento de síntesis: para componer es necesario enunciar las relaciones que

---

[114] VARIOS en: PÉRFICIT, *Valor de la educación clásica,* n. 24, Julio de 1947.

unen los distintos elementos del pensamiento y establecer un orden distinto que haga aparecer su sentido y su valor. Por último, la pluma es un instrumento incomparable de control. No sólo se toma la medida a las propias fuerzas intelectuales, sino se tiene la ventaja de ser corregido por jueces mejores que nosotros; el pensamiento, incorporado a las palabras, se convierte en pensamiento objetivo, exterior, que adquiere la nitidez de los objetos percibidos por los sentidos, y fácilmente maleable."[115]

6. *El estudio:* es la actividad principal en la formación de la inteligencia, un gimnasio espiritual esencial en los años de formación de una persona. Descubre la inteligencia, la orienta, la desarrolla, la enriquece, la estructura, la agiliza, la agudiza, le da el sentido de lo esencial y de lo accidental, le hace ver sus capacidades y sus límites, propicia su aplicación en la vida, la libra de todo fanatismo -manifestación de la propia inseguridad- y del relativismo que iguala todo conocimiento, actitud y comportamiento.[116]

---

[115] F. CHARMOT, *La Pédagogie des Jesuites,* París 1943, pp. 285-286.

[116] Recientemente algunos métodos del aprendizaje de las lenguas hablan de un modo sintético de "inmersión" en los textos y autores estudiados, que incluyen contenidos y estructuras de los idiomas, valores y costumbres de una lengua, un escritor y su cultura. Encierran en este concepto los diversos pasos arriba anotados según la terminología tradicional del estudio de las humanidades clásicas.

7. Memorización de sentencias y fragmentos ("Pensum"): textos que se aprenden de memoria, contribuyen a la formación de esta y aportan un bagaje cultural importante y útil para iluminar un tema en diversos momentos de la vida: un escrito, una conversación, una clase, un consejo, una conferencia... "El que sabe de memoria cierto número de buenos trozos de versos posee un verdadero tesoro, bajo el doble punto de vista de los sentimientos y de la cultura del entendimiento: los pensamientos, las figuras y las expresiones que encuentra en aquellos están entonces a su disposición, y puede, si quiere, hacerlos entrar en sus combinaciones intelectuales."[117]

8. Estudios en equipo para profundizar en una obra o en un autor.

9. Presentaciones de obras o temas clásicos ("Academias"): son actos públicos, frutos de un esfuerzo de todo un curso por presentar ante un auditorio los frutos de una materia vista en clase, por medio de trabajos o estudios

A este respecto, más que los términos, lo que interesa es que todo método ayude al alumno a entrar en contacto directo con los autores y sus obras. Lograr este objetivo, los términos y métodos parecen secundarios y pueden ir cambiando y perfeccionándose. Al final, si el resultado es bueno, el método y los modos de designarlo son buenos.

[117] A. BAINE, *La ciencia de la educación*, Madrid 1915, p. 317.

y declamaciones de fragmentos selectos de las obras o autores analizados. Buscan capacitar al alumno para investigar de modo científico y exponer ante un auditorio un tema con lógica, seguridad, serenidad y aplomo; o para declamar con soltura y convicción un fragmento o una obra breve de un autor ante un auditorio.

A tal fin el profesor presenta al curso, con la antelación indicada, el tema y el enfoque tanto general de la ejercitación pública como de cada uno de los estudios, procurando que el alumno se ejercite en todas las modalidades formativas de estos actos, ensayando varias veces con cada uno su intervención. Procura que el local de presentación sea digno y acogedor, sobrio y distinguido, teniendo presente que el impacto en el oyente corre a cargo, sobre todo, de la prestancia y postura varoniles, de la soltura y seguridad de los gestos y de la expresión justa de las ideas y de los sentimientos por parte de los que intervienen. Con el fin de que cada alumno pueda analizarse objetivamente, cada presentación se graba en vídeo y se analiza después en clase.

10. Los exámenes, que dan la oportunidad de adquirir una visión orgánica y sintética de una materia o de parte de la misma, y muestran el resultado del esfuerzo ordinario, moderado y constante, de todo un período académico (trimestre, semestre, curso, carrera).

11. Los profesores: pieza clave del éxito del estudio de los clásicos. Entre sus cualidades cabe destacar: afabilidad para con sus discípulos, clara exposición de sus puntos de vista, profundo conocimiento de su materia. Son el alma del sistema; conviene que se muestren serenos y entusiastas, modelos de humanismo, acertados en sus enfoques para que ejerzan un poderoso ascendiente y un deseo de superación personal. Es necesario elegirlos bien, valorar su trabajo, mantenerlos contentos y satisfechos en su puesto.

A mediados del siglo pasado un sabio jesuita daba estos consejos al profesor: "El profesor no debe enseñar a sus alumnos ni más ni menos que lo que pueden comprender. No debe ser ni demasiado rápido ni demasiado lento. (...) Desde el inicio del año y en cada cambio de clase debe abajarse al nivel de la formación precedente del alumnado, para elevarlos poco a poco a su propia clase y colocarlos lo más alto posible. En la explicación de los principios, enseñará con claridad los preceptos e ilustrará la doctrina con ejemplos propios de la materia, bien elegidos y adaptados."[118]

El siguiente *Decálogo del profesor* marca un camino importante de superación en esta misión educadora:

---

[118] F. CHARMOT, *La Pédagogie des Jesuites,* París 1943, p. 280.

1) Preparación profesional que da seguridad y profundidad crecientes.

2) Estructura de la clase, del período y de la frase.

3) Participación diaria y sorpresiva de todos.

4) Sano ambiente de familia.

5) Amenidad que contribuye al interés.

6) Cierto factor sorpresa.

7) Ecuanimidad y prudencia, sobre todo al corregir.

8) Estímulo continuo de la reflexión.

9) Expresión correcta ágil y rica testimoniada y exigida con motivos.

10) Perfeccionamiento continuo, sin contentarse con lo ya adquirido.

12. *Asesoría académica:* una ayuda imprescindible que ofrecen los profesores. Es un medio importante para acompañar al alumno en su crecimiento y maduración académica y humana. Busca analizar detalladamente el método de trabajo intelectual del estudiante, revisar y mejorar actitudes, motivar, dar pistas de solución a dificultades, estimular a una dedicación mayor, suscitar y orientar centros de interés... En cierto sentido, es más importante que las clases porque el influjo es más directo, la retroalimentación es inmediata, el enfoque de los temas y de las motivaciones es más personal.

13. *Emulación escolar:* En todas estas actividades del método humanístico se encuentra como base la emulación

escolar, ese estímulo que mueve al joven, "amante del honor y, mejor aún, de la victoria: porque la juventud es apasionada por sobresalir, y la victoria es un sobresalir sobre los demás."[119]

14. Tiempo y selección: Además, requiere tiempo, asiduo y largo ejercicio, armonía entre teoría y práctica, inteligencia y memoria, ambiente de vital interés. Este se logra eligiendo unos pocos pasajes de autores clásicos, de progresiva complejidad, que reúnan un buen número de las principales palabras de la cultura griega o romana, con buenos comentarios lingüísticos y humanísticos. Y evitando las prisas con la medicina de una beneficiosa lentitud para alcanzar grandes logros con pequeños pasos descubiertos y disfrutados personalmente y en grupo.

Un conocido poeta griego, K. Kavafis (1863 – 1933), nacido en Egipto, valoró esta lentitud del viaje de retorno de Odiseo a su patria Ítaca en el siguiente poema que podemos aplicar con provecho al proceso pausado del estudio de los clásicos, subrayando en él más el proceso del viaje que el destino del mismo:

"Mantén siempre Ítaca en tu mente.
Llegar allí es tu destino,

---

[119] ARISTÓTELES, *Retórica,* II, 12.

pero no apresures nunca el viaje.

Es mejor que dure muchos años

y atracar, viejo ya, en la isla,

enriquecido de cuanto ganaste en el camino,

sin esperar a que Ítaca te enriquezca.

Ítaca te brindó tan hermoso viaje.

Sin ella no habrías emprendido el camino.

Pero no tiene ya nada que darte.

Aunque la encuentres pobre,

Ítaca no te ha engañado.

Así, sabio como te has vuelto, con tanta experiencia

entenderás ya qué significan las Ítacas."[120]

---

[120] KAVAFIS Konstantinos, *Poemas*, 1911.

V. UNA EXPERIENCIA: HUMANIDADES CLÁSICAS EN SALAMANCA, ESPAÑA

Presento a continuación una experiencia en la enseñanza de las humanidades clásicas en distintos momentos a lo largo de unos cincuenta años, aproximadamente del año 1960 al 2010, en Salamanca, España. Es fruto de diversos momentos históricos en un centro eclesiástico con una autonomía académica relativa. Su inicio coincide con la preparación y celebración del Concilio Vaticano II, y continúa en el posconcilio, e incluye la creciente oferta académica en los programas oficiales de España y la obligatoriedad de obtener el título oficial de bachillerato para todos los seminaristas que iniciaran los estudios de filosofía y teología.

Es también el resultado de la aplicación de experiencias previas, sobre todo de Comillas, universidad de la Compañía de Jesús en Cantabria, y de algunos otros elementos que estructuran mejor y completan lo recibido en ese prestigioso centro académico trasladado a Madrid en la década de los '60.

Espero que la exposición de esta experiencia pueda iluminar sobre distintos enfoques y resultados de una concepción concreta de las humanidades, las humanidades clásicas, y de sus diversas aplicaciones posibles, según se trate de un centro preuniversitario, de una inmersión en estas humanidades durante la propia carrera universitaria, de una carrera como tal o de una maestría en humanidades clásicas.

Cuanto sigue en estas páginas es una síntesis del ideario, estructura y aspectos particulares de metodología de esta experiencia humanística. Puede parecer una utopía querer introducir los valores humanísticos en los currículos escolares actuales, especialmente cuando los programas nacionales de enseñanza media y superior se han alejado en buena medida de los valores e ideales del humanismo grecolatino. Pero me alienta el pensar que, -con una actitud de apertura, prudencia y perspectiva de futuro-, habrá personas sinceramente preocupadas por una formación integral de los alumnos y que puedan intervenir en los programas de estudios de los centros académicos civiles y eclesiásticos para dar un nuevo lugar importante a esos valores e ideales clásicos, de un modo flexible y progresivo, según crean oportuno y viable. Estas reflexiones se completan y concretan en las propuestas del último capítulo de este estudio.

1. Ideario humanístico

Definición
Las humanidades clásicas son un período para entrar en contacto con los autores clásicos grecolatinos, adquirir una amplia y sólida cultura general, una visión

personal del hombre, de Dios y del mundo y la base o el complemento necesario de etapas sucesivas en la propia formación profesional, en la adquisición de hábitos mentales y de estudio y de una metodología eficaz de trabajo académico. Son, asimismo, el vehículo adecuado para transmitir con profesionalidad los conocimientos y las experiencias que se han adquirido en todas las etapas de la vida.

Fines

El estudio de las humanidades clásicas busca que los alumnos adquieran, a través del contacto con los autores que expusieron los más altos ideales humanos, especialmente los autores griegos y latinos, un conocimiento amplio y una asimilación profunda de los valores enseñados por los mismos, en orden a lograr una más armoniosa maduración de su personalidad: en el rigor lógico de la inteligencia, en la recta jerarquía de valores, en el desarrollo de la imaginación, en la educación de la sensibilidad, los afectos y emociones, en la mesura y orden de la vida, de las facultades y de las pasiones, en la contemplación de la belleza en la naturaleza y en las obras artísticas, en el arte de hablar, de escribir y de analizar los problemas.

En el caso de los estudios preuniversitarios los estudios deben organizarse de tal manera que, manteniendo los contenidos de las humanidades clásicas, los alumnos puedan obtener el título que les permita el acceso a las universidades civiles del país donde se encuentra el centro.

Ideal

Lo refleja la expresión *"Integer homo"*, es decir, la persona que desarrolla armónicamente todas sus potencialidades. La armonía implica un ajuste y perfeccionamiento de todas las dimensiones de la persona y, a la vez, una recta jerarquía de valores. El hombre íntegro, entero, no es un conglomerado de actividades diversas, sino un ser que va evolucionando adecuadamente en todas sus facultades y que es capaz de poner unidad y su propio sello personal en las diferentes manifestaciones de su vida.

Este concepto tiene una perspectiva triple:

Enseñar: es descubrir al alumno el contenido de las artes y de las ciencias, buscando desarrollar de modo especial sus capacidades intelectuales.

Educar: es contribuir a que el alumno integre durante estos años de modo armónico y jerárquico sus diversas facultades: inteligencia, voluntad, memoria, imaginación, sensibilidad; presentar al alumno los valores y motivos para guiar su vida en el desarrollo de sus facultades y potencialidades.

Formar: es presentar al alumno los valores y motivos para guiar su vida desarrollando todas las facultades y potencialidades de su ser hasta alcanzar una personalidad madura.

El camino es una *formación integral y armónica* que abarca todas las facultades y dimensiones de la persona en las diversas etapas de su educación y de la vida personal y profesional.

2. Estructura

Las asignaturas que integran el período de humanidades clásicas son: autores latinos y autores griegos; historia universal,[121] historia de la literatura universal, historia del arte universal; elocuencia, estilo e idioma moderno.

Para que los alumnos conciban y busquen una formación humanística completa y equilibrada, -sin reducirla al estudio material de las lenguas clásicas-, tengan una visión unitaria y orgánica del período y de sus asignaturas, gradúen mejor sus objetivos y programas personales y puedan ir comprobando con facilidad y claridad

---

[121] Por su importancia cada vez más constatada en la formación de la sensibilidad y del gusto, podría incluirse también la historia de la música.

la calidad y los frutos de su trabajo intelectual en este período, las asignaturas se dividen en tres sectores o módulos: clásico, cultural y expresivo. De ellos se hablará a continuación, indicando primero el origen de esta estructura y desarrollando en cada caso los fines perseguidos, los horizontes de la asignatura, los niveles posibles, las actividades, el método y los frutos.

3. Los tres sectores o módulos de las humanidades clásicas

Hasta mediados de la década de los sesenta del siglo XX las humanidades que enseñaban centros importantes de los jesuitas como la Universidad de Comillas, consistían fundamentalmente en el estudio del latín y del griego. Era un enfoque legítimo e independiente de los requerimientos de los programas civiles preuniversitarios de las distintas naciones.

Diversos Estados comprendieron la importancia de las humanidades en la educación de sus ciudadanos y conservaron o dedicaron partes más o menos importantes del horario semanal al estudio de las dos lenguas clásicas, principalmente del latín.

Muchos seminarios de la época, con programas académicos especiales para futuros sacerdotes diocesanos o religiosos, enseñaban a su manera el latín y el griego, núcleo de las humanidades clásicas que impartían los seminarios y las escuelas de la Compañía de Jesús.

Uno de estos seminarios -el centro de estudios de humanidades de la Legión de Cristo en Salamanca, España- tenía en el programa académico de sus estudiantes el período de humanidades. Todos los religiosos en su momento cursaban este período como preparación para los estudios de filosofía y de teología. Algunos de los estudiantes -que en esta etapa se llamaban "humanistas"- habían dedicado hasta cuatro años antes al estudio del latín y del griego en edades más tempranas. Otros habían tenido poco o ningún contacto previo con estas dos lenguas clásicas. Además, este centro buscaba dar a sus humanistas una cultura amplia, sólida, selecta y profunda, y proporcionarles los medios para adquirir una expresión oral y escrita correcta y eficaz.

Aunque algunos pocos alumnos que no habían estudiado nada o muy poco latín y griego antes de sus humanidades obtenían buenos resultados en estas áreas, era más frecuente que otros, aun siendo inteligentes y batallando con estos idiomas, por el escaso tiempo dedicado a estas lenguas, -entre otras razones- no alcanzaran grandes triunfos en estas áreas y pensaran que su etapa de humanidades era un fracaso.

Para obviar esta sensación de frustración académica
fuerte y hacer ver a todo alumno de humanidades que
había campos abiertos a su aprendizaje y realización
académica, y teniendo ya en el programa otras asignaturas que buscaban el fin general de las humanidades
con asignaturas humanísticas diferentes, se organizó el
programa académico de esta etapa en *tres sectores o módulos: el sector clásico, el sector cultural y el sector expresivo.*
El primero era el que requería bases previas importantes que no todos traían. El segundo y el tercero eran también importantes en un buen humanista y no exigían
grandes conocimientos previos. Con la organización
de todas las asignaturas en *tres sectores o módulos,* todos
los alumnos tendrían posibilidades de alcanzar metas
importantes de la etapa de humanidades, aunque no
todos tuvieran un gran dominio de las lenguas clásicas.
Y en el mismo sector clásico había frutos importantes
que se podían alcanzar también sin un elevado nivel en
latín y griego.

Así, todos podrían estar, al final de su período de humanidades, más cerca de los tres ideales buscados en
esta etapa: ser personas de *pensamiento crítico* (sector o
módulo clásico: latín y griego), con una buena *cultura
universal* (sector o módulo cultural: historia, literatura y
arte universales) y un buen dominio de la *expresión oral y
escrita* (sector expresivo: estilo, oratoria y lengua moderna). Ser, pues, personas que saben pensar críticamente,

poseen un buen bagaje de conocimientos relevantes universales y los saben comunicar.

Al inicio del curso se explicaba a todos los alumnos esta organización del programa académico de las humanidades, detallando el fin, los contenidos y horizontes de cada sector o módulo. Es lo que me propongo exponer a continuación.

a. SECTOR O MÓDULO CLÁSICO

El contenido es el conocimiento y la asimilación de las lenguas clásicas y de algunas obras de sus autores principales, y de los ideales y valores contenidos en los escritos estudiados.

El fin es entender en su lengua original la Vulgata y la liturgia, textos de los santos padres y, sobre todo, los textos de los principales autores clásicos grecolatinos. Se trata de alcanzar sucesivamente tres etapas, cada una más difícil que la precedente. Podemos hablar de tres niveles, respectivamente: el básico, el medio y el superior. No se trata de llegar a hablar dichos idiomas, -lo cual no se excluye si hay tiempo, capacidad e interés- sino de comprender el contenido escrito de los mismos; y de descubrir, asimilar y manejar con destreza los valores e ideales de dichos autores clásicos.

El método es la explicación clara, sencilla, breve y lógica de reglas y contenidos fundamentales y la aplicación de esas reglas y contenidos en *sentencias y textos originales, con un pensamiento rico en lo humanístico, cultural y espiritual* que supere frases inventadas de meros contenidos gramaticales o sintácticos, suscite mayor interés en el alumno y lo enriquezca humanísticamente en cada frase, sentencia o texto. Por lo mismo, quien hablará será gradualmente la Sagrada Escritura, santos como Agustín, Jerónimo, Bernardo, Juan Crisóstomo; filósofos como Platón, Aristóteles, santo Tomás, Buenaventura...; humanistas como Erasmo... Si, además, para obtener un mayor dominio de las dos lenguas, se utiliza el latín en alguna parte de la clase para explicar el mismo latín o el griego, tanto mejor, pues "se expone" y se "sumerge" al alumno en un contacto más continuado y directo con un latín correcto, sencillo y asequible.

Cabe hablar, además, en este enfoque del sector o módulo clásico de *dos horizontes:* el de contenidos y el humanístico. El *horizonte de contenidos* da a conocer unos principios lingüísticos que capacitan para buscar y encontrar una verdad. En este caso se trata de palabras o sentencias, pero se convierte en un hábito que se aplicarán fuera del aula en otros contextos y situaciones. Entonces, en lugar de palabras, sentencias o textos, serán problemas de la vida diaria o profesional, decisiones pequeñas, medianas o grandes de la propia vida o de la profesión. Y el alumno se hará una persona analítica, de pensamiento crítico, de visión amplia de la realidad, de acierto en sus opiniones, métodos, iniciativas...

El *horizonte humanístico* va a desarrollar de modo armónico diversos campos diversos de la personalidad. Consiste en conocer, buscar, encontrar, anotar, estudiar y asimilar, a partir de cada texto, los valores enseñados por los clásicos, sobre todo el rigor lógico de la inteligencia, la recta jerarquía de valores, el desarrollo de la imaginación y de la memoria, la educación de la sensibilidad, afectos y emociones, la mesura y orden de la vida, de las facultades y de las pasiones, la contemplación de la belleza en la naturaleza y en las obras artísticas, el arte de hablar, de escribir y de analizar y resolver los problemas. Supone el dominio suficiente del horizonte lingüístico, el conocimiento inicial de las propias facultades y el no limitarse a la mera anécdota de cada texto u obra. Es el que debe ocupar mayor tiempo en las asignaturas y actividades de este sector.

Como valores humanísticos invariables que suelen aparecer en las obras clásicas, destacan los siguientes, ordenados alfabéticamente: alma, amistad, conciencia, consejos varios, Dios (dioses), dolor, elocuencia, esclavos, felicidad, filosofía, fortuna, futuro, gobierno, guerra, gloria, hombre, inmortalidad, instituciones (costumbres), juventud, lecturas, ley, libertad, mal (problema del), mitos, mundo, paz, placer, pereza, poesía, pueblo, infierno, religiosidad (plegarias, prodigios, sacrificios...), riqueza, vejez, viajes, vida, virtud.

Las asignaturas son: lengua y autores latinos, lengua y autores griegos: cuatro horas de clases y cuatro horas de estudios semanales de cada materia.

Las actividades son las cuatro clases y cuatro estudios semanales de lengua y autores latinos y griegos, prosistas y poetas; los seminarios, que permiten otra forma de contacto con los autores grecolatinos a través de traducciones y un estudio y exposiciones personales de autores, personajes, temas o recursos utilizados por los mismos; y que sintetizan muy bien los tres sectores o módulos: el clásico por el tema elegido, el cultural por las investigaciones en torno al tema, el expresivo por la exposición personal del tema ante el curso. Y las presentaciones de obras o temas clásicos [academias], -una anual de latín y otra de griego para cada grupo- como ocasión solemne, ante un auditorio amplio, para dar a conocer los frutos del estudio de un tema o un autor clásico estudiado a fondo en un semestre del curso.

Los niveles son tres: el básico, centrado en la comprensión de textos de la Biblia y la liturgia; el medio, que estudia textos sencillos de santos padres o de otros autores que se expresaron así a lo largo de la historia; el superior, que dirige su atención a obras importantes originales de autores latinos y griegos de la época clásica. Según los conocimientos de los alumnos se organizan tres grupos distintos, que tienen la posibilidad y el estímulo de ir subiendo de nivel durante el año académico.

El método contiene: explicación -cuando es necesaria- de las lenguas latina y griega, lectura de los autores en el original y en traducciones; análisis literario, retórico y humanístico de las obras y autores estudiados; ejercicios de imitación de los autores. Es legítimo acudir en el contacto con los clásicos grecolatinos a buenas traducciones, aunque sin el trabajo de la traducción personal se pierda parte importante del poder formativo de los clásicos y frecuentemente no se capten los matices más finos del pensamiento original.

Los frutos son, entre otros: pensamiento crítico, estructurado, preciso; armonía, proporción e integridad descubiertas en los autores y asimiladas progresivamente; creatividad, sana originalidad; mayor conocimiento del hombre, de su corazón y de uno mismo; enriquecimiento personal diario con los diversos valores encontrados y estudiados; transformación humanística progresiva.

b. *SECTOR O MÓDULO CULTURAL*

El contenido del sector o módulo cultural se centra en el estudio de la historia, literatura y arte universales como productos de sus épocas y testigos de una valores e ideales humanos descubiertos, apreciados y encarnados con mayor o menor perfección por diversos autores considerados entonces o después clásicos en su campo correspondiente. Su núcleo es, pues, la cultura, la inversión más preciosa en la formación del hombre.

El fin es adquirir una buena base de cultura universal en historia, literatura y arte, que permita al alumno comprender los orígenes y el desarrollo de la vida de la humanidad, los ideales y valores que la motivaron, los alcances y los límites de la misma.

Los horizontes de este sector son dos: el *de contenidos,* que consiste en el conocimiento de los datos objetivos de cada asignatura (historia, literatura, arte): períodos, estilos, autores, características, títulos, fechas... Y *el humanístico,* que se centra en la reflexión sobre los valores, las personas, los hechos históricos, la ideología, las inquietudes, los problemas y temas de significado perenne que se manifiestan de modo constante y diverso en cada asignatura y época, como pueden ser, entre otros: el amor, el dolor, la muerte, las guerras, las revoluciones, la felicidad, el mundo, Dios, el hombre...

Las asignaturas aquí estudiadas son: historia universal, literatura universal, arte universal, con tres clases semanales para literatura, dos para historia y dos para arte.

Las actividades se centran en las clases y estudios semanales de historia universal, historia de la literatura e historia del arte, cuyas etapas se van exponiendo en la medida de lo posible de modo simultáneo en las tres asignaturas para relacionarlas y retenerlas con mayor facilidad. Además, son también actividades dentro de este sector la lectura de antologías adecuadas, las visitas artísticas, la academia de literatura.

Los niveles de este sector son dos: el básico en un primer año que expone el mismo contenido a alumnos con bachillerato nacional previo; y el avanzado, que desarrolla temas más específicos para alumnos que cursan esta etapa en dos años.

El método consta principalmente de clases con sus estudios correspondientes, sus lecturas adecuadas, sus consultas en la biblioteca, la preparación y presentación de la academia de literatura.

Los frutos que se persiguen son, entre otros: una sana apertura mental y afectiva a toda creación humana en los distintos campos del saber, una cultura sólida, universal, actualizada, abierta; sano interés por todo lo humano; criterios de verdad, bondad y belleza en estos campos del saber humano; madurez intelectual creciente, competencia para comprender y juzgar con acierto épocas, estilos, personas, sucesos, obras...

c. SECTOR O MÓDULO EXPRESIVO

El contenido del sector expresivo estudia el arte de hablar y de escribir y es el vehículo que comunica a otros las riquezas del sector clásico y del sector cultural. En efecto, cuanto aprendemos del sector clásico y del sector cultural debemos poder transmitirlo con la palabra hablada o escrita.

El fin es aprender a comunicar oralmente y por escrito verdades, valores, experiencias..., como nota esencial de un buen humanista: "El hombre se posee en la medida en que posee su lengua. No habrá ser humano completo, es decir, que se conozca y se dé a conocer, sin un grado avanzado de posesión de su lengua. Porque el individuo se posee a sí mismo, se conoce, expresando lo que lleva dentro, y esa expresión sólo se cumple por medio del lenguaje." [Existen, sin embargo], "muchos, muchísimos inválidos del habla; hay muchos cojos, mancos, inválidos de la expresión. Una de las mayores penas que conozco es la de encontrarse con un mozo fuerte, ágil, curtido en los ejercicios gimnásticos, dueño de su cuerpo, pero que cuando llega el instante de contar algo, de explicar algo, se transforma de pronto en un baldado espiritual, incapaz casi de moverse en sus pensamientos."[122]

---

[122] P. SALINAS, *Aprecio y defensa del lenguaje,* en: El defensor, Alianza, Madrid 1967.

Y lograrlo de un modo preciso, elegante, eficaz, profesional, conscientes de que: "Poco sabe el que mucho sabe, si no sabe transmitirlo."

Los horizontes también aquí son dos: el *de contenidos,* que propone la serie ordenada de preceptos y técnicas para aprender a leer, hablar y escribir con corrección y eficacia. Y *el humanístico,* que consiste en la reflexión y el análisis de los recursos oratorios y literarios utilizados para enseñar, conmover y deleitar al hombre en las distintas épocas, conservando unas líneas fundamentales y adaptando otras a las diversas edades y culturas. Subraya actitudes, enfoques, valores e ideales de los preceptos y autores estudiados.

Las asignaturas que entran en este sector son tres: elocuencia u oratoria, estilo y lengua moderna, con tres clases semanales para elocuencia u oratoria, dos para estilo y dos para un idioma moderno.

Las actividades son: estudios y clases de elocuencia u oratoria, de estilo y de idioma moderno; lectura analítica de modelos de elocuencia y de estilo personalmente y en clase; ejercicios escritos adecuados según los conceptos explicados en las clases y adaptados a situaciones reales presentes o futuras de los alumnos; ejercicios orales y análisis de modelos en clases; tema escrito bimestral; ejercicio de resumen e imitación bimestral;

una academia; colaboraciones para la revista de humanidades del centro.

Los niveles son dos:

Elocuencia: Año único: fondo, forma de los cuatro principales tipos de discurso
Dos años: Primer año: fondo de los cuatro principales tipos de discurso
Segundo año: forma, predicación sagrada, predicación propia y predicación de los Santos Padres.

Estilo: Año único: descripción
Dos años: narración, estilo de ideas, artículos periodísticos.

El método integra tres elementos necesarios: oír (clases), leer (estudios), escribir y hablar (estudios y clases). Esto implica clases y estudios de cada asignatura con sus respectivos ejercicios, análisis e imitación de modelos, lectura metódica y abundante.

Los frutos que se buscan son: expresión correcta, clara (en la concepción, en la vocalización, en la escritura), eficaz; facilidad en la concepción estructurada de un tema; transmisión profesional de cualquier mensaje; ser maestro en convencer, no en imponer; sano inconformismo que lleve al alumno a leer, hablar y escribir buscando siempre la propia superación; avanzar en el dominio de un idioma moderno.

4. Algunas peculiaridades ulteriores

Menciono ahora diversas actividades y recursos que completan lo expuesto en el capítulo sobre metodología humanística. Se fueron componiendo, añadiendo y adaptando en el centro al estudio de las humanidades y han producido buenos frutos en las distintas generaciones de alumnos que las aplicaron durante esta etapa de su formación académica.

a. CURSILLO INTRODUCTORIO

Durante la primera quincena del curso escolar se ofrece una introducción general sobre el sentido de esta etapa, la organización y el contenido de los tres sectores o módulos de las humanidades, metodología general y específica, geografía e historia del mundo griego y latino, instituciones clásicas, lectura de autores, explicación de tropos y figuras literarias, orientación y tutoría académica, uso de la biblioteca, cuestionario sobre hábitos de estudio.

b. LIBROS DE TEXTO Y ANTOLOGÍAS DE HUMANIDADES

Con el paso del tiempo el equipo de profesores fue preparando varios libros de texto para la enseñanza de la morfolgía y sintaxis latina y griega, con sus respectivas claves de ejercicios; y varias antologías. Su fin fue ofrecer una ayuda más real y cercana a los alumnos en diversas asignaturas de los tres sectores para lograr un mayor interés y enriquecimiento cultural. Surgieron así los siguientes libros de texto:

1. *Morfología latina,* de M. A. Batta
2. *Sintaxis latina,* de Antonio Rivero
3. *Morfología griega,* de J. A. Oyarzún, Esaúl Toscano y Diego Alvarado
4. *Sintaxis griega,* de Fernando Tamayo, Rodrigo Ramírez y R. Plascencia.

Y estas antologías, que han buscado principalmente ayudar al alumno a profundizar en el *nivel humanístico* de las distintas disciplinas, más allá de los contenidos objetivos de cada una de ellas:

1. *Sabiduría clásica y cristiana (Antología temática de sentencias latinas),* de Fernando Tamayo
2. *La literatura, escuela de humanismo,* de Fernando Tamayo
3. *El arte, escuela de humanismo,* de Fernando Tamayo
4. *Líderes de la palabra,* de Profesores de humanidades de Salamanca
5. *Maestros del estilo,* de Fernando Tamayo

En el sector clásico

c. SEMINARIO CLÁSICO

Es una síntesis de los tres sectores de las humanidades: el clásico como fuente y objeto de la investigación, el cultural como enriquecimiento y fruto de relaciones oportunas, el expresivo en el momento de la exposición. Enseña al alumno la lectura activa, profunda, reflexiva de autores y temas importantes en traducciones para descubrir y asimilar ideales y valores humanos expuestos por los autores clásicos grecolatinos. Esta modalidad académica consta de tres elementos: preparación personal de los temas, exposición y diálogo en clase.

En la selección de los temas el profesor busca que sean argumentos representativos, humanísticamente ricos, unitarios, que sepan armonizar profundidad y brevedad, consciente del tiempo real de preparación y de exposición. Para ello puede elegir en la obra que analizan o en una parte de la misma: un personaje, un tema, la comparación de dos personajes, los recursos literarios, las sentencias humanísticas...

En el sector cultural

d. CUADROS SINÓPTICOS

Son un recurso que ha resultado útil en buen número de estudiantes. Recogen una visión completa y esquemática de una materia o de un capítulo que ya se ha estudiado y resumido y de los apuntes de clase. Facilitan y "provocan" la visión unitaria y orgánica de una materia y potencian grandemente la estructura mental. Son resultado de un esfuerzo de comprensión y de síntesis, que permite relacionar visiblemente y retener mejor un todo con sus partes. La manera de presentar estos esquemas puede variar según la mente de cada alumno y su utilidad inmediata: a base de cuadros, llaves, árboles con sus ramas... Se puede emplear este método en muchas asignaturas, no solo en las del sector o módulo cultural.

En el sector expresivo

e. ELOCUENCIA
Dos unidades de estudio semanales se dedican a ejercicio escrito de las técnicas que se vayan explicando, y una para análisis de modelos de elocuencia. Para lograr en cada alumno un progreso real en su capacidad de expresión oral y en su naturalidad y soltura, conviene tener presentes estos tres niveles en las exposiciones, invitando a todos a alcanzar el tercero en una efectiva y progresiva superación.

Nivel bueno: lectura del texto previamente redactado. Este nivel es adecuado para principiantes. *Nivel mejor:* memorización del texto previamente redactado y exposición de memoria. Este nivel indica un mayor grado de superación, alcanzable con dedicación y constancia. *Nivel óptimo:* creación de la expresión en el momento mismo de la exposición, supuesta una meditación profunda del tema y un sencillo esquema previo. Es el ideal propuesto para que lo alcance el mayor número posible de alumnos.

Otro recurso, cada vez más frecuente y fácil de emplear, son los vídeos de elocuencia, presentados a los alumnos. Son grabaciones aleccionadoras para los estudiantes en algún aspecto de la elocuencia.

f. SESIONES DE CORRECCIÓN LINGÜÍSTICA

Para contribuir al uso correcto de la lengua oficial del centro (el español en este caso) se tienen periódicamente durante el año algunas *sesiones de corrección lingüística.* En ellas se van repasando con orden errores en palabras, expresiones o modismos mal empleados, junto con las formas correctas a fin de alcanzar un elevado nivel de corrección y progreso, propiedad y elegancia en la dicción de una persona culta.

g. ESTILO

Esta asignatura es eminentemente de carácter práctico en las clases, las composiciones y las lecturas o análisis de autores, sin merma de la claridad y de la estructura en la presentación de los temas.

h. ANÁLISIS DE AUTORES

Complementa necesariamente la asignatura de estilo. Es una lectura personal atenta y activa de una obra para juzgarla con objetividad e irse enriqueciendo con el descubrimiento de sus valores, que dan a la obra su permanencia en el tiempo y su rango de "clásica" porque sus páginas son ricas en el conocimiento del corazón humano y nos siguen iluminando y orientando con sus valiosas intuiciones sobre Dios, el hombre y el mundo.

Conviene analizar en un primer momento los recursos literarios y de composición que emplea el autor, que se van anotando cuidadosamente y se van estudiando hasta asimilarlos: palabras nuevas, giros, comparaciones, metáforas... "El ejercicio más provechoso para el estudio del estilo es el examen crítico de los mejores trozos de prosa o de verso, combinado con las lecciones ordinarias de retórica. En este trabajo el discípulo concentra todas las fuerzas de su entendimiento en el examen de las expresiones y de la forma, y no conocemos otro que ofrezca ventajas más grandes."[123]

A la vez o posteriormente pueden irse anotando valores de la obra analizada, según la temática y modalidad anteriormente explicadas (Cf. Sector o módulo clásico).

---

[123] A. BAINE, *La ciencia de la educación*, Madrid 1915, p. 333.

i. TEMA ESCRITO

Es un trabajo personal bimestral a modo de artículo literario redactado durante cuatro horas seguidas. Es una oportunidad para manifestar el nivel de asimilación de los preceptos y modelos estudiados en el sector o módulo expresivo y de la cultura que se va adquiriendo. Enseña a pensar un tema o argumento a fondo, con lógica, unidad y sana originalidad; y a redactar con claridad, estructura, elegancia, cultura y amenidad.

j. EJERCICIO DE RESUMEN E IMITACIÓN

Es un trabajo personal bimestral -alternado con el *tema escrito*- que parte de un modelo que se debe leer, comprender, resumir por escrito e imitar. La duración es también de cuatro horas seguidas. La síntesis ha de ser concisa y completa, descubriendo y resaltando la estructura del modelo. La imitación puede ser variada: respetando el tema y cambiando la estructura y los ejemplos, cambiando el tema y respetando la estructura...

k. TUTORÍA ACADÉMICA

Al inicio del curso se ofrece tutoría a los alumnos que inician la etapa de humanidades. Los tutores son alumnos seleccionados de segundo año de humanidades para atender cada uno a un grupo de entre tres y cinco miembros. Los temas que se desarrollan en estos encuentros son: sentido de las humanidades, distribución diaria y el horario semanal, diversas materias del curso con sus distintas partes (método de los estudios, clases, apuntes, composiciones, seminarios, lecturas de autores, análisis de modelos de elocuencia...) mostrando ejemplos y dando consejos prácticos sobre cada actividad.

* * *

Esta experiencia -surgida en Comillas en 1947 y trasladada a Roma en 1951-, se trasplantó a Salamanca en 1959 y allí se desarrolló desde entonces hasta 2013, poco más de cincuenta años. De esa matriz surgieron otros dos centros de humanidades: el primero en Cheshire, Conn., en 1991, que continúa ofreciendo sus servicios académicos a distintas generaciones de estudiantes de Estados Unidos y de otras naciones de América y Europa. Y el segundo, de corta duración, que inició su andadura en 2009 en Monterrey y concluyó el año 2017. En ambos centros, con una experiencia intelectual y unos ideales comunes, se introdujeron adaptaciones que se consideraron oportunas y hasta necesarias para obtener algún título civil.

VI. FRUTOS DE LAS HUMANIDADES

¿Qué frutos aportan las humanidades en la cultura y en la personalidad del estudiante? ¿Qué frutos se advierten en el ambiente cultural de un centro académico, de una nación y de una época con el estudio apropiado de los autores clásicos grecolatinos? Son dos preguntas a las que intentaré responder en el presente capítulo.

Las humanidades son una ventana a un mundo y a una época de gran trascendencia para la maduración de un individuo. El contacto diario con los clásicos grecolatinos presenta al estudiante altos ideales y valores humanos que entran en juego en cada obra y en cada autor; enriquecen el conocimiento de nosotros mismos y del mundo que nos rodea. Algunos de sus grandes libros, -como la *Ilíada* y la *Eneida,* por citar solo dos- cambiaron el mundo o definieron una cultura.[124] Laten en ellos valores como el papel de los dioses en la vida humana, la relación del hombre con la divinidad, la patria, el patriotismo, la valentía, la justicia, el recto gobierno, el sentido de la misión..., que maravillan por su sencillez, la hondura y el acierto con que son

---

[124] R. HOWARD BLOCH, *Good Uses of the Humanities in Bad Times,* Humanities Program, Yale U., Read 17.Nov.2011.

expuestos; y por las consecuencias prácticas que pueden derivarse en las personas y en las comunidades humanas, incorporando esos valores e ideales en sus vidas. Europa, Occidente se han beneficiado de este acercamiento vital con estos modelos de humanismo, abierto a la consideración y asimilación del mundo entero. Por ello, "su literatura fue la base de la educación en toda la antigüedad posterior, su redescubrimiento originó el renacimiento, su estudio actual es guía e inspiración para la humanidad."[125]

1. Los clásicos *enriquecen nuestra personalidad* y le aportan una más armoniosa maduración mediante un conocimiento amplio y una asimilación profunda de los valores que enseñan:

a. El rigor lógico de la inteligencia. El rigor lógico es un hábito de la inteligencia y se da cuando esta es clara en la concepción y en la expresión oral y escrita; profunda porque supera la opinión común y los prejuicios, las apariencias y las primeras impresiones, porque va a la raíz de los problemas y ve la unidad y las partes; exigente por ser disciplinada y orgánica y por aportar y exigir razones, con sentido de lo esencial; estructurada

---

[125] G. MURRAY, *El valor de Grecia para el futuro del mundo* en: R. LIVINGSTONE, *El legado de Grecia,* Pegaso, Madrid 1976, 587 pp.

por su hábito de análisis, síntesis, relación y sus juicios prudentes y rectos; y sanamente original.[126]

En Grecia el rigor de la inteligencia es fruto de su concepto de *"Logos"*: Palabra, razón, discurso, organización lógica. Este concepto se extiende a diversos campos: Tales de Mileto lleva a Grecia las matemáticas de Egipto. En filosofía muestra el origen y la naturaleza de las cosas del mundo completo, funda el pensamiento lógico, crea un vocabulario coherente y claro; aporta distinciones fundamentales como unidad y multiplicidad, materia y forma, ser y no ser, realidad y apariencia, universal y particular.

En historia desoye las leyendas, acepta hechos nuevos (Heródoto), se centra en la historia política valorando testimonios con sentido crítico, estableciendo hechos, enfocándose en las acciones humanas y destacando como primera cualidad del hombre de estado la inteligencia (Tucídides). En medicina, atiende más a la observación y a la experimentación que a la teoría. No contraponen razón y religión.[127] Buscan la verdad como un deber primordial e identifican virtud y sabiduría.[128]

---

[126] Un medio útil para adquirir el rigor lógico son los *cuadros sinópticos,* de los que se ha hablado en el capítulo V de este libro.

[127] C. BOWRA, *La Aventura Griega,* Guadarrama, Madrid 1960.

[128] HERÁCLITO, *Frag.* 112.

El latín clásico, modelo de este rigor lógico, es reflejo del genio romano por su claridad, precisión, orden y lógica en sintaxis, carácter sintético; hipérbaton que le da, por una parte, encadenamiento lógico, y por otra, gran soltura y libertad.

Por ello ha sido la lengua universal científica durante muchos siglos, lazo de unión internacional, lengua oficial de la Iglesia católica.

Los clásicos contribuyen a este rigor con la nítida expresión de su pensamiento -y la correspondiente traducción, primer gimnasio de rigor lógico para nuestra inteligencia- y con las intuiciones originales y frecuentes que encontramos en sus obras, como cuando Sócrates nos dice que hemos de obedecer al dios antes que a los hombres, o Séneca afirma convencido que "Dios está cerca de ti, está contigo, está dentro de ti."[129]

b. La recta jerarquía de valores. Los clásicos nos enseñan a tener en cuenta a la divinidad en la vida de los individuos y de las sociedades; que el respeto y la obediencia a los dioses son la explicación de la vocación de mando de Roma sobre el mundo: "Tú, romano, gobiernas porque

---

[129] SÉNECA, *Cartas a Lucilio,* 41.

te reconoces menor que los dioses."[130] Nos hacen ver la maravilla del ser humano dentro del universo: *"Muchos son los prodigios, pero nada hay más prodigioso que el hombre"*[131] Y la importancia de la virtud, fuente de todo bien personal y público y por encima de la riqueza y de todos los bienes materiales.[132] También en ellos aprendemos que no es tan sencillo vivir según la virtud y que con frecuencia los ideales van por un lado y la vida del individuo por otro: "Veo lo mejor y lo apruebo: pero sigo lo peor", nos recuerda Ovidio por boca de Medea en su lucha íntima diaria.[133]

Ellos mismos reprenden el olvido de los dioses en el ejercicio de la autoridad sobre todo un pueblo, como es el caso de Creonte que se atreve a dar órdenes por encima de las leyes no escritas de los dioses;[134] o critican esa misma carencia en la propia vida, según reconoce Horacio en un momento de reflexión sobre su culto a los dioses, descuidado por un período y con el propósito de volver a su antigua piedad: "Poco y raramente devoto de los dioses, mientras iba desviado y profesando

---

[130] HORACIO, [Romane] Dis te minorem quod geris, imperas, *Poemas*, III, 6, 5.

[131] SÓFOCLES, *Antígona*, 332-333.

[132] PLATÓN, Cf. *Apología de Sócrates*, 30 b.

[133] OVIDIO, *Metamorfosis*, VII, 20.

[134] SÓFOCLES, *Antígona*, vv. 450-460.

creencias insensatas, ahora me veo obligado a volver atrás las velas y a recorrer de nuevo la ruta que tenía abandonada."[135] El mismo Horacio critica la actitud de los romanos que prefieren el dinero a la virtud cuando publica su loca consigna: "¡Oh ciudadanos, ciudadanos, primero hay que buscar el dinero, la virtud después de las monedas!"[136]

c. El desarrollo equilibrado de la imaginación. En ellos aprendemos a revestir nuestras ideas con imágenes originales y no rebuscadas, fruto de la observación serena y aguda de la realidad circundante. "La imaginación, esa facultad que es también un tesoro con un doble poder: puede alejar el espíritu de la realidad, preparar amargos desengaños, producir pesimismo, alimentar las pasiones produciendo el vértigo moral. Pero también puede ayudar a adquirir la cultura, mantener el gusto de aprender, nutrir la esperanza, ayudar a amar lo bello y lo bueno, crear auténticas obras de arte. Nunca hay que cercenar la capacidad imaginativa, sino dirigirla. Puesta bajo el gobierno de la razón, hace la vida más fecunda, más virtuosa y más bella."[137]

---

[135] HORACIO, *Poemas,* I, 34, 1 ss.

[136] HORACIO, *Epístolas,* I, 1, 53-54.

[137] ANÓNIMO.

Entra aquí el amplio campo de la mitología, ese ingenioso intento de la mente humana por explicar imaginativamente verdades fundamentales sobre los dioses, los hombres, la vida, la muerte y el más allá. "El mito es una ficción que busca resolver perplejidades que inquietan al hombre antes de la explicación científica. Es más emocional que racional (...) Ilumina la acción de los dioses, suscita la admiración y reverencia de los mismos y de los héroes. Goza de una eterna juventud que deja una honda impresión en la inteligencia, en la imaginación y en las emociones: suscita horror, admiración, placer..., obliga a comparar la propia vida con el mito e invita a emular su felicidad o a evitar su catástrofe."[138]

Los mitos griegos están cargados de significación y son los más bellos de Occidente. Aparecen así en la cultura griega y universal el Olimpo con sus dioses y diosas, el Hades, Prometeo, Sísifo, las islas de los bienaventurados... Y aspectos más particulares, como cuando Homero, para describirnos la desmesura y la impiedad, nos presenta al cíclope Polifemo.[139] Por su parte Sófocles, para hacernos ver la obediencia heroica a las leyes no escritas de los dioses, nos retrata a Antígona. Así también Fidias representa en el Partenón el nacimiento de Atenea de un dolor de cabeza de Zeus o la lucha entre centauros y lápitas...

---

[138] C. BOWRA, *La Aventura Griega,* Guadarrama, Madrid 1960.

[139] HOMERO, *Odisea,* IX.

d. La educación de la sensibilidad, los afectos y las emociones. Los clásicos son conscientes de la importancia del mundo afectivo en la vida de la persona. Y, aunque no siempre vivieron a la altura de los ideales que proclamaron, no tuvieron reparo en marcar elevadas metas al individuo en la formación de su emotividad, de modo que se desarrollara en el individuo, pero que no fuera ella quien dirigiera los criterios y decisiones de la persona. Así, Tito Livio marca una pauta a la madurez emocional del romano cuando escribe: "Que tú y todas tus cosas estén siempre bajo tu poder,"[140] el poder de tu voluntad. Tal autodominio es fruto de auténticas luchas interiores, como lo refleja Eneas que debe abandonar a su amada Dido en Cartago para continuar su misión de fundar Roma: "La voluntad permanece firme, [mientras] las lágrimas se derraman sin peso."[141] Ideal parecido reclama Horacio ante las adversidades cuando escribe a Delio, uno de sus amigos: "Recuerda conservar la mente serena en los momentos difíciles."[142]

---

[140] TITO LIVIO, Tuae potestatis semper tu tuaque omnis sint, *Ab Urbe Condita,* XXII, 39.

[141] VIRGILIO, Mens immota manet, lacrimae labuntur inanes, *Eneida,* IV, 449.

[142] HORACIO, Aequam memento rebus in arduis servare mentem, *Poemas,* II, 3, 1-2.

Un recurso importante en la educación de la sensibilidad es la poesía. "Taquigrafía de la emoción", la llamó Tolstoi. Buena parte de las obras clásicas grecolatinas están escritas en verso, desde la Ilíada de Homero hasta la Eneida de Virgilio, desde las tragedias de Sófocles hasta los poemas de Horacio. Leer y analizar detenidamente estas obras, e incluso intentar traducirlas en verso es también un gran ejercicio de enriquecimiento de nuestra sensibilidad y de nuestro estilo en prosa y en verso. Decía Menéndez-Pelayo: "Bien puede afirmarse que quien en su primera juventud no ha recibido con más o menos frecuencia la visita del demonio poético, necesitará doble esfuerzo para llegar a escribir prosa artística, ni tolerable siquiera. Aun la mera versificación es conveniente como ejercicio, porque obliga a dar a los pensamientos una forma concisa y vibrante y a distinguir el ritmo poético del oratorio, evitando los riesgos de la ampulosidad en que fácilmente caen, desbordándose en cataratas de prosa, los que han carecido de este saludable fundamento de las humanidades y de la cultura poética."[143] Y añade Goethe: "El hombre sordo a la voz de la poesía es un bárbaro, sea quien sea." La razón es sencilla: "El ritmo -y en literatura, particularmente en la poesía- es el alma del arte, sustancia de la palabra,

---

[143] M. MENÉNDEZ PELAYO, *Estudios poéticos,* C.S.I.C., Santander 1955.

movimiento ordenado, reflejo acústico de la idea y vestido de la misma."[144]

e. *Mesura y orden de la vida, de las facultades y de las pasiones:* Otro campo que cultivaron los autores clásicos es la medida y el equilibrio en todo. Lo resume muy bien una de las máximas del templo de Apolo en Delfos: "Nada en exceso." Ni la inteligencia, ni la voluntad, ni los sentimientos, ni los recuerdos, ni las imaginaciones... Si alguna de las facultades no se encuentra en su lugar, falta la armonía en la vida del individuo, de la familia y de las sociedades. Reflexionando en ese principio escribió después Horacio: "Hay una medida en las cosas, finalmente hay algunos límites más allá o más acá de los cuales no puede mantenerse en pie lo recto."[145] Con el paso del tiempo y la misma intuición de fondo Goya tituló muchos siglos después una de sus pinturas negras: "El sueño de la razón produce monstruos." Faltando la presencia y actividad de la razón en la actividad humana, los resultados son monstruosos, como lo podemos constatar en la vida de los individuos con decisiones importantes alocadas, en el arte, en la sociedad y en la política, en la paz y en la guerra...

---

[144] A. ORTEGA C., *Las humanidades clásicas en nuestra cultura,* Conferencia del 7 de diciembre de 1970.

[145] HORACIO, Est modus in rebus, sunt certi denique fines, quos ultra citraque nequit consistere rectum, *Sátiras,* I, 1, 106-107.

f. Contemplación de la belleza en la naturaleza y en las obras artísticas. Los clásicos educan también otra faceta importante en la formación de la persona. Es la contemplación de la belleza. Y lo logran con sus observaciones sobre la naturaleza y con sus creaciones en las diversas artes plásticas: arquitectura, escultura y pintura. Desde las descripciones homéricas de la naturaleza pasan luego a obras admirables como el Partenón, el Zeus Olímpico de Fidias, la trilogía de Sófocles sobre Edipo (Edipo Rey, Edipo en Colono, Antígona) y muchas otras obras más. Contempladas con pausa y profundidad nos revelan la unidad, verdad, bondad, belleza, armonía y perfección que encierran y que se van convirtiendo así en canon de belleza para toda la humanidad por la concepción unitaria y armoniosa del conjunto y por la proporción de las partes. Por lo mismo admiramos aún los tímpanos y frisos del Partenón, el Doríforo de Policleto y la Victoria de Samotracia.

g. El arte de hablar, de escribir y de analizar los problemas. Los clásicos son también maestros en el arte de la palabra. La conocen, la respetan, la cultivan, la emplean de modo adecuado y eficaz en los diversos momentos de la vida: en una poesía, en una discusión, en un discurso político, en una conversación, en una carta, en una narración histórica, en una obra dramática, en un diálogo filosófico en un tratado científico... Tienen la capacidad de la reflexión y de la improvisación, del análisis de los términos y de los problemas, de las soluciones lógicas maduradas con el tiempo o propuestas al calor de una urgente necesidad común. El discurso Por la Corona de Demóstenes es un modelo elocuente de lógica y pasión, de análisis de problemas y de propuestas de solución de los mismos, de narración y de reflexión, de historia y amor a la patria, de contemplación de la obra de los dioses y de las decisiones de los hombres, de amor a la patria y de traiciones... Analizándolo personalmente y en común aprendemos a hablar con más orden, propiedad, precisión y concisión; a "decir mucho y bien en poco."

Saben, además, los clásicos que la palabra es imagen del alma; que nada hay más útil para el hombre que hablar correctamente[146] y que quien habla mal no solo daña el lenguaje, sino también su alma.[147] Por otro lado, quien se enfrenta a un texto latino o griego encuentra en cada palabra, frase, párrafo... una oportunidad para desarrollar la propia capacidad lingüística, que es el coeficiente más representativo en el desarrollo de la inteligencia. Y aprende a analizar y resolver problemas, incorporando ese hábito que luego ha de aplicar en su vida ya no a palabras, sino a situaciones, dificultades o decisiones de índole personal, familiar, profesional...

---

[146] PLATÓN, *Fedón* 115 e.

[147] FEDRO, *Fábulas* 4, 13, 1.

2. Las humanidades nos *enseñan a pensar críticamente,* es decir, de un modo claro, analítico, estructurado, profundo hasta alcanzar la verdad de una palabra, una frase, la actitud de un personaje, la decisión de un grupo humano, el mensaje de una obra literaria o artística. En un mundo que ha ido perdiendo las herramientas lingüísticas y lógicas necesarias para un pensamiento crítico, y en el que prevalece la prisa de lo inmediato -muchas veces superficial y no reflexionado personalmente-, las humanidades nos marcan un camino de reflexión personal lógica, de análisis racional, de relación adecuada, de sana crítica que dispone de razones y argumentos para sostener o refutar una opinión de palabra o por escrito y con solvencia, propiedad y eficacia. Es un proceso lento que requiere tiempo. Así lo veía Nietzsche en su vocación de filólogo cuando escribió en el prólogo de una de sus obras:

"Este prólogo llega tarde, aunque no demasiado. ¿Qué son, a fin de cuentas, cinco o seis años? Un libro como este, un problema como este, no tiene ninguna prisa. Además, tanto yo como mi libro somos amigos de lo lento. No por nada ha sido uno filólogo, y tal vez aún lo sea, esto es, maestro de la lectura lenta. Al final acaba uno escribiendo también lentamente. Y es que la filología es esa arte venerable que exige ante todo una cosa de quienes la admiran y respetan: situarse al margen, tomarse tiempo, aprender la calma y la lentitud, al ser el arte y el saber del orfebre de la palabra, que ha de realizar un trabajo delicado y cuidadoso, y nada logra si no es con el tiempo de lo lento."[148]

Un medio de gran ayuda para alcanzar este pensamiento crítico es el trabajo de la traducción, lento y exigente al inicio, fuente de profundos gozos intelectuales con el paso del tiempo. Allí cada palabra es un gimnasio que entrena al alumno en el arte de analizar, sintetizar, relacionar y juzgar. Como fruto, además, este ejercicio continuado nos proporciona un método de investigación lógica para comprender textos y formular pensamientos claros y concisos; aporta al alumno una creciente flexibilidad mental y estructura su inteligencia para cualquier materia y actividad.

Pensar críticamente es lo que hace Sócrates cuando analiza el tema de la muerte y el temor infundado del hombre ante la misma. No se contenta con las opiniones ajenas; expresa y analiza diversas posibilidades y extrae su conclusión: "Hay trazas de que lo que me sucede es un gran bien, y nos engañamos todos sin duda, si creemos que la muerte es un mal. (...) Profundicemos un tanto la cuestión, para hacer ver que es una esperanza muy profunda la de que la muerte es un bien. Se precisa una de dos cosas: o la muerte es un absoluto

---

[148] NIETZSCHE, *Aurora,* Prólogo.

anonadamiento y una privación de todo sentimiento, o, como se dice, es un tránsito del alma de un lugar a otro. Si es la privación de todo sentimiento, un sueño pacífico que no es turbado por nada, ¿qué mayor ventaja puede presentar la muerte? (...) Si la muerte es una cosa semejante, la llamo con razón un bien; porque entonces el tiempo todo entero no es más que una larga noche. Pero si la muerte es un tránsito de un lugar a otro, y si, según se dice, allá abajo está el paradero de todos los que han vivido, ¿qué mayor bien se puede imaginar, jueces míos? (...) ¿A qué precio no compraríais la felicidad de conversar con Orfeo, Museo, Hesíodo y Homero? Para mí, si es esto verdad, moriría gustoso mil veces."[149]

3. Nos *facilitan el aprendizaje de otras lenguas y de muchas ciencias,* sobre todo las lenguas romances (italiano, español, portugués, francés...) y sajonas (alemán con el orden y la composición de sus palabras, inglés con un 50% aproximado de su vocabulario con raíz latina). Quien ha estudiado latín advierte que conoce muchas palabras del francés, español, italiano, portugués..., y aprende estas lenguas con mayor rapidez y menor esfuerzo. Además, quien conoce el griego, tiene mucho camino recorrido en la comprensión exacta de la mayoría de los nombres y contenidos de tantas ciencias (medicina, geografía, historia, matemáticas, geometría,

---

[149] PLATÓN, *Apología,* 40 e – 41 a.

filosofía, teología...) y de los términos técnicos usados universalmente en esas y otras ciencias, desde la crítica literaria a la biología.

4. *Nos dan a conocer nuestras raíces y nos enseñan así a ser sanamente originales.* Europa y Occidente tienen sus raíces en Grecia y en Roma. Lo testimonian los nombres de los meses, los días de la semana, tantos nombres propios de hombres y mujeres como Alejandro, Andrés, Beatriz, Carmen, Cecilia, Donato, Gregorio, Héctor, Pablo, Silvia, Teodoro... También reflejan esas raíces los géneros literarios como la historia, la literatura (épica, lírica, dramática, trágica, retórica...); ciencias como la filosofía, la teología, aritmética, psicología... Y tantos términos técnicos de la medicina y de sus múltiples especialidades. Por citar algunos: antídoto, biopsia, dosis, profilaxis, diagnóstico, pronóstico, óptica, odontología, oftalmología... Lo atestiguan asimismo la ciencia política, los sistemas de gobierno (monarquía, aristocracia, democracia; y sus deformaciones: tiranía, plutocracia u oligarquía, anarquía), el derecho con sus distintas variantes...

Y nos enseñan a ser sanamente originales, es decir, a volver a nuestros orígenes y a ir extrayendo de ellos "cosas nuevas y antiguas", sin contentarnos con repetir y usar lo que ellos descubrieron y propusieron en los distintos campos del saber y actuar humanos. Es esta

170

una enseñanza clara de la evolución del arte griego, desde la época arcaica hasta la helenística, destacando sobre todo las creaciones del período clásico. Y se advierte también, aunque en menor medida, en ciertas obras artísticas romanas respecto a sus predecesoras griegas: el anfiteatro romano respecto al teatro griego, el circo romano respecto al estadio griego, el arco de triunfo y la columna conmemorativa...

Esta originalidad se descubre también en la personalidad de distintos artistas que crearon su obra acudiendo a los orígenes y tomando como maestros a los clásicos. Es esta la confesión de Dante, respecto a su maestro Virgilio: "Tú eres mi maestro, mi autor; / tú solo eres aquel de quien yo tomé / el bello estilo que me ha dado honor".[150]

5. Los clásicos nos inculcan una *actitud de apertura universal* que nos permite superar perspectivas estrechas de aldeanismos regionales, nacionales, continentales que exaltan exageradamente lo propio, desconociendo o menospreciando lo "ajeno", y que desfiguran y empobrecen la imagen del hombre y los logros mayores de la humanidad. El "Soy hombre: nada de lo humano

---

[150] DANTE, Tu sei lo mio maestro, lo mio autore; / tu sei solo colui da cui io tolsi / lo bello stile che mi ha fatto onore, *Divina Comedia,* Infierno I, 85-87.

me es ajeno" de Terencio[151] abre nuestras mentes a todo lo humano y es un eficaz antídoto contra visiones mentales reductivas.

Estudiando *la historia de Grecia y de Roma,* esas dos fuentes principales de la cultura occidental, aprendemos muchas lecciones de fondo, importantes por la experiencia que nos transmiten y para no repetir en el presente o en el futuro errores que se dieron en el pasado.

Por mencionar solo la más cercana en el espacio y en el tiempo: "La historia de Roma es una serie de colosales problemas políticos, de administración interior y exterior, de hacienda, de organización militar, de capitalismo, de éxodos rurales y distribución de tierras, de vida municipal y colonización, de moralidad e inmoralidad públicas, y sobre todo, de problemas de gobierno imperial, de fronteras, de vasallaje de reinos, de organización de funcionarios civiles, de unificación del imperio, de vías de comunicación y servicio postal, de imposición y cobro de contribuciones. (...) Y luego, la caída de aquella potencia, su colapso administrativo, militar y económico. La historia no tiene otro caso más elocuente de la ruina de un imperio bien civilizado y sólidamente organizado. Es la nación que más que ninguna otra ha

---

[151] TERENCIO, "Homo sum: humani nihil a me alienum puto" *Heautontimoroúmenos,* I, I, 54.

determinado el pensamiento político y las instituciones de Europa."[152]

Estudiando *la cultura de Grecia y de Roma* adquirimos también una perspectiva universal (humanística) que nos permite abrirnos y juzgar adecuadamente otras culturas de épocas y lugares diversos, valiéndonos de los criterios y modelos clásicos grecolatinos, surgidos en ese entorno geográfico y cultural y con vocación universal. Obras sobresalientes de Grecia y Roma como la *Ilíada* y la *Odisea* de Homero, la trilogía de *Edipo* de Sófocles, los *Diálogos* de Platón, la *Poética* de Aristóteles, los discursos de Demóstenes y de Cicerón, la *Eneida* de Virgilio, los *Poemas* de Horacio... son en sí un modelo -cada obra en su género-, algo completo con su inicio, medio y fin como obras individuales y como culturas que las produjeron. Forman también en su conjunto un todo orgánico y progresivo. Se convierten, así, en un punto de comparación para poder contrastar con ellas nuestra civilización moderna con sus creaciones en los distintos campos. Son culturas que recorrieron plenamente su órbita, desde el nacimiento hasta el ocaso. Han sido ya juzgadas y han recibido el veredicto final de la historia. Están ya muertas, y por eso su historia suscita menos

---

[152] VARIOS en: PÉRFICIT, *Valor de la educación clásica*, n. 24, Julio de 1947.

prejuicios y menos pasión.[153] Y nada hace adelantar tanto en el estudio como la comparación.

Esta apertura universal que nos brinda la cultura clásica nos ofrece también *unos horizontes universales* -los más altos ideales y valores humanos- que nos permiten acercarnos con una actitud de simpatía inicial a toda creación humana para intentar comprenderla desde unos criterios perennes de unidad, verdad, bondad y belleza. Y nos motivan para tender siempre más allá *("plus ultra"),* sin contentarnos con lo ya adquirido. Es esta una actitud de búsqueda serena no de lo más nuevo, sino de lo mejor. Buscar lo más nuevo -nota de nuestra época tan tecnológica...- indica un afán de novedades, que va de objeto en objeto y es con frecuencia símbolo visible de una clase o nivel social (teléfono, reloj, auto...). La búsqueda de lo mejor, en cambio, es un sello de verdadero clasicismo y permite al hombre alcanzar metas más elevadas para perfeccionarse a sí mismo y para transmitir estos valores e ideales a las generaciones presentes y futuras.

Se supera así el horizonte estrecho de los gustos personales, de las modas sociales, de la tiranía de la novedad. Y se amplían los propios horizontes a las dimensiones universales de lo bueno y lo mejor, de una recta

---

[153] Ibíd.

jerarquía de valores que hermanan a los individuos y perfeccionan las sociedades.

6. Las humanidades son también un *"sistema de equilibrio"* entre las diversas facultades de la persona, entre una cultura clásica abierta y una especialización tan particular que empobrece dimensiones más profundas de la persona, entre el aficionado que conoce casi nada de todo y el especialista que conoce casi todo de nada. Con sus lemas de "Nada en exceso, todo con medida", "Mente sana en cuerpo sano"[154] las humanidades pueden equilibrar en el individuo el ser y el tener, el desarrollo armónico del alma y del cuerpo, la contemplación y la acción, el ocio y el negocio,[155] el

---

[154] JUVENAL, "Mens sana in corpore sano", *Sátiras* X, 356.

[155] Cicerón, dedicado con intensidad al servicio del Estado, describió magistralmente los beneficios que las humanidades ofrecen como contrapeso al trabajo diario de un profesional: "Estos estudios alimentan la adolescencia, deleitan la ancianidad, son un adorno en la prosperidad, ofrecen un refugio y un consuelo en la adversidad, deleitan en casa, no son un impedimento fuera de ella, pasan la noche con nosotros, van de viaje y de campo con nosotros." *("Haec studia adolescentiam alunt, senectutem oblectant secundas res ornant, adversis perfugium ac solacium praebent, delectant domi, non impediunt foris, pernoctant nobiscum, peregrinantur, rusticantur.") Pro Archia, 7.*

trabajo y el deporte,[156] la teoría y la práctica; en los sistemas educativos, las ciencias y las letras, el humanismo y la tecnología; en los miembros de una familia la vocación complementaria de padres e hijos; entre las distintas formas de gobierno la democracia con sus componentes de monarquía (un presidente) y de aristocracia (senadores y diputados); en la vida social armonizando libertad y autoridad, educación y producción, iniciativa privada y trabajo digno y bien remunerado; en las épocas históricas tradición e innovación, lo permanente y lo cambiante...

7. Las humanidades forman también a un *ser humano consciente de su dignidad y libre,* conocedor del pasado, protagonista responsable del presente y preparado para participar en la mejora de la sociedad futura. "Frente a Asia y Egipto que no valoraban al individuo humano, los griegos consideraron que el hombre merece respeto por sí mismo, que ha sido creado por los dioses que han colocado en su corazón el principio de la emulación y la

---

[156] Conviene recordar que los *juegos olímpicos* son una creación griega. Se celebraban en Olimpia, cada cuatro años, en honor de Zeus Olímpico. De allí su nombre. En un contexto religioso todas las ciudades que participaban ponían entre paréntesis las eventuales guerras para subrayar el concepto de unidad religiosa y cultural y dar a la parte lúdica de la vida humana un momento solemne y un cauce noble procurando alcanzar en cada individuo -sobre todo en los atletas presentes- *un alma sana en un cuerpo sano.*

sana rivalidad; que inteligencia y emociones están llamadas a funcionar coordinadamente. Reconocieron un valor especial en el hombre, afín a los dioses y con un ideal por realizar: desarrollar todo lo posible la *"areté"*, basándose en la libertad y viendo como premio la gloria. Por ello creen en la libertad, pues solo el libre puede desarrollar su naturaleza."[157] Creen que todo hombre es capaz de lo mejor y de lo peor en todas las etapas de la vida; para conquistar lo mejor debe esforzarse con perseverancia; para realizar lo peor basta dejarse llevar por la emoción o el instinto del momento.

Así surgieron personalidades que alcanzaron lo mejor de sí mismos en sus obras literarias. Cada uno de ellos reconoció las cualidades que tenía, las formó con los medios de que disponía, captó las oportunidades que le presentaba la sociedad de su época y comprometió su voluntad en la misión que entendió tenía ante sí. Y produjo las obras que hoy admiramos y estudiamos. Con estos modelos ante nuestros ojos, tal vez surja alguno que se sienta interpelado por tales gigantes de la cultura universal y cree su propia obra. Se le podría aplicar entonces muy bien la conocida poesía de G. A. Bécquer:

> "Del salón en el ángulo oscuro,
> de su dueño tal vez olvidada,

---

[157] C. BOWRA, Cf. *La Aventura Griega,* Guadarrama, Madrid 1960.

silenciosa y cubierta de polvo
veíase el arpa.

¡Cuánta nota dormía en sus cuerdas,
como el pájaro duerme en las ramas,
esperando la mano de nieve
que sabe arrancarlas!

¡Ay! -pensé-. ¡Cuántas veces el genio
así duerme en el fondo del alma,
y una voz, como Lázaro, espera
que le diga: «Levántate y anda!»"[158]

8. Además, las humanidades ofrecen muchas opciones sobre cuestiones esenciales y estratégicas. De este modo, *enseñan a discernir y a decidir,* a ver lo que ha funcionado o no en el pasado, a organizar una sociedad, a crear cultura, y a prever el futuro. *Ofrecen una visión de lo que es común a la humanidad,* de lo que puede unir o separar tradiciones regionales, nacionales, religiosas, lingüísticas...[159] En una época como la nuestra, de creciente globalización y multiculturalismo, las humanidades marcan una ruta que ha alcanzado metas importantes en la historia de la humanidad. En medio de problemas

---

[158] G. A. BÉCQUER, *Rimas,* VII.

[159] R. HOWARD BLOCH, *Good Uses of the Humanities in Bad Times,* Humanities Program, Yale U., Read 17.Nov.2011.

parecidos en los distintos períodos históricos (hambre, enfermedad, guerra, paz, instituciones, lenguas, costumbres...), los griegos y romanos de la antigüedad supieron discernir y decidir, comprometerse y luchar por valores que apreciaban y defendieron incluso con la propia vida. Por ello la victoria de Atenas contra los persas fue un momento histórico fundamental en la historia de Occidente, al igual que la victoria de Roma frente a Cartago, la expansión del imperio de Alejandro Magno y la del imperio romano.

Ambos imperios en su crecimiento y consolidación supieron extender sus valores y sus sistemas organizativos en sociedades dispares que al final se reconocieron unidas por una lengua, una cultura, una civilización, superando o integrando "diversas tradiciones regionales, nacionales, religiosas, lingüísticas..." Aportaron, de este modo, a la humanidad sus valores y su cosmovisión.

Por ello pudo decir con orgullo Pericles que "Atenas era la Grecia de Grecia,"[160] por tener unas facultades únicas y una misión que cumplir: "Nuestra ciudad es una educación para Grecia."[161] Ya lo presagiaba un oráculo antiguo: "¡Oh, bienaventurada ciudad de Atenas conquistadora! / Mucho verás aún y mucho pasarás y sufrirás;

---

[160] TUCÍDIDES, *Antología palatina* VII 41

[161] TUCÍDIDES, *Historia de la guerra del Peloponeso,* II, 41, 1.

/ mas serás un día águila que por toda la eternidad / volarás entre las nubes."[162]

En esta misma línea de discernir y decidir Virgilio nos recuerda el destino de Roma: "Tú, romano, acuérdate de regir a los pueblos con tu imperio. Estas serán tus artes: imponer costumbres a la paz, perdonar a los que se someten y humillar a los soberbios".[163] Y Rutilio Namaciano, un poeta galo del siglo V de nuestra era, admirando la obra civilizadora de Roma más allá de sus límites geográficos, escribió al volver de la capital del imperio a su tierra natal y hablando con Roma como con una persona: "Hiciste una patria de todos los pueblos, hiciste una ciudad lo que antes era un mundo."[164]

9. Las humanidades nos inducen a *transformar ideas en hechos.*[165] Los clásicos no solo pensaron con claridad, profundidad y originalidad los problemas de su época. Los plasmaron en hechos, instituciones, costumbres...

---

[162] C. BOWRA, *La Aventura Griega,* Guadarrama, Madrid 1960.

[163] VIRGILIO, "Tu regere imperio populos, Romane, memento, hae tibi erunt artes: pacique imponere morem, parcere subiectis et debellare superbos." *Eneida,* VI, 852-853.

[164] RUTILIO NAMACIANO, "Fecisti patriam diversis gentibus unam... Urbem fecisti quod prius orbis erat", *De reditu suo,* 63 ss.

[165] R. HOWARD BLOCH, *Good Uses of the Humanities in Bad Times,* Humanities Program, Yale U., Read 17.Nov.2011.

No solo concibieron los griegos la idea de la democracia en Atenas: la llevaron a la práctica, con sus imperfecciones, en la capital del Ática. Basaron esta democracia en el concepto de ley que supieron plasmar y aplicar. Creían que la ley expresaba la voluntad de los dioses.[166] Su respeto se halla inculcado profundamente en el carácter griego. Aunque amaban la libertad, prefirieron el gobierno de la ley a los caprichos autócratas, y fundaron en ella su progreso. Su mayor éxito fue comprender que no puede existir libertad sin ley, y que solo en la combinación de ambas puede el hombre realizarse a sí mismo entre los demás hombres.[167]

Los romanos no solo imaginaron la expansión progresiva de su imperio: lo extendieron realmente con unos límites tan vastos que van por el Oriente hasta Gerasa, en la actual Jordania; por el norte hasta el Rin y Gran Bretaña, por el sur hasta Egipto y el norte de África; por el oeste hasta el cabo Finisterre en España. Idearon también la organización de la vida social en la ciencia del Derecho y esta les sirvió de criterio en la vida de la capital, de Italia y de todo su imperio, buena parte del cual estaba constituida por la actual Europa.

---

[166] ARISTÓTELES, *Política 1252 b 29.*

[167] C. BOWRA, *La Aventura Griega,* Guadarrama, Madrid 1960.

10. Las humanidades son, así, *un instrumento útil y práctico en la historia,* puesto que tienen como núcleo el estudio de estas significativas aportaciones culturales de Grecia y de Roma, la asimilación de sus bondades, la refutación de sus errores, la aplicación sabia y prudente de sus creaciones que han dado rostro y unidad con el paso del tiempo a naciones y continentes.

Hay quien piensa que no son ese instrumento útil y práctico porque no las han estudiado, les ha ido bien en su profesión y no han echado de menos los estudios de humanidades. Y, basados en esa experiencia, pueden intervenir y han intervenido en decisiones importantes en detrimento de las humanidades en programas académicos de diversos niveles. Es posible que en algunos casos, -muy contados...- por destacadas cualidades individuales, esto sea verdad. Pero con seguridad los frutos de sus experiencias académicas y profesionales habrían sido mucho más fecundos de haber dedicado mayor atención y tiempo a las humanidades clásicas.

En síntesis, quien toma en serio por un tiempo suficiente el contacto directo con los mejores autores que han expuesto los más altos ideales y valores humanos asimila muchas de sus cualidades. Da su importancia y su jerarquía a las facultades: la inteligencia sobre la imaginación, la razón sobre la sensibilidad... Tiene estructurada su mente, descubriendo o creando la claridad y el orden en cuanto piensa o lee, sabiendo descubrir las partes de un todo mediante el análisis, o reducir un todo a su síntesis, o relacionar elementos entre sí, o juzgar con objetividad y con un espíritu sanamente crítico y humilde, abierto a otras opiniones y perspectivas. Aprende a dar su importancia equilibrada a la idea y a su revestimiento sensible. Distribuye proporcionalmente y con orden las partes de un todo con su principio, medio y fin, sea que se trate de un escrito o de un discurso, de una composición en prosa o en verso, de una programación sencilla y ágil o compleja y dilatada. Afronta con serenidad las diversas situaciones y momentos de la vida, habiendo asimilado esta cualidad en las obras literarias y artísticas de los clásicos. Tiene una sana apertura intelectual, una sana curiosidad por enriquecerse y aprender en todos los órdenes y momentos de la vida; posee un sentido de la medida y de la proporción, guiado por el adagio griego: *"Medén ágan"* (Nada en exceso), todo en su justa proporción. Adquiere, además, una aptitud para influir en el hombre por la lógica de su pensamiento, la empatía de sus emociones, la experiencia y la facilidad de expresión hablada y escrita, la erudición y la cultura empleadas con la mesura de los clásicos.

Por ello, los clásicos no deberían enseñarse como *suplemento* de estudios más prácticos, cuando las cosas van bien, sino como *un camino seguro para adquirir las herramientas esenciales* para entender el mundo en el que

actuamos y nos movemos. B. Franklin lo llamaba: *"conocimiento útil"*.[168]

---

[168] R. HOWARD BLOCH, *Good Uses of the Humanities in Bad Times,*
Humanities Program, Yale U., Read 17.Nov.2011.

VII. MODELOS Y PROPUESTAS ACTUALES

Corresponde ahora ver distintas ofertas significativas que se han aplicado en diversas naciones en los siglos XX y XXI en el campo de las humanidades, dar un juicio sobre las mismas y presentar diferentes propuestas según los niveles educativos de estudios medios y superiores para su consideración y posible aplicación de algunas, según se trate del nivel de bachillerato o de estudios universitarios. Empiezo con dos consideraciones previas.

Una primera consideración es que el concepto de humanidades se ha extendido para abarcar más campos del saber humano y para perpetuar en el tiempo alguno de los puntos fuertes de las humanidades clásicas. Me refiero al *interés por el hombre*. Este explica que se haya incluido generosamente dentro de las asignaturas de las humanidades disciplinas que investigan la expresión de la mente humana como el lenguaje, el teatro, la filología, la lingüística, la musicología y, más recientemente, estudios de cine y de medios de comunicación social.[169]

---

[169] A. CAYUELA, *Humanidades Clásicas,* cap. XXI.

Un profesor holandés de la Universidad de Amsterdam, Rens Bod, amplía aún más el concepto y piensa que "no hay ninguna disciplina humanística básica o central sobre la que puedan ser modeladas las demás disciplinas afines."[170] El mismo autor incluye dentro de las humanidades las ciencias sociales y las ciencias naturales, mencionando entre las ciencias sociales la geografía, la antropología, la sociología y la psicología.[171] Destacan al final, en su concepción, ocho disciplinas y otras más desde el siglo XX en adelante. Son: lingüística, historiografía, filología, musicología, teoría del arte, lógica, retórica y poética.[172] Por la inclusión de la antropología y de la sociología en el concepto reciente y tan vasto de las humanidades, en distintos campus universitarios han entrado ciertas ideologías sociopolíticas que fácilmente pueden desvirtuar los contenidos centrales de las humanidades clásicas.

La segunda consideración versa sobre los adjetivos que se han ido añadiendo y poniendo en boga en los decenios recientes a las humanidades, que indican orientaciones particulares, como, entre otros, "humanidades

---

[170] R. BOD, *A New History of the Humanities,* Oxford University Press, London 2013, p. 4.

[171] R. BOD, *A New History of the Humanities,* Oxford University Press, London 2013, p. 11.

[172] Ibíd.

digitales", "humanidades globales", "humanidades numéricas"... Es claro que, cuantas más disciplinas o adjetivos se incluyan en los nuevos conceptos de humanidades, más diluido quedará su contenido original y menos tiempo podrá dedicarse al núcleo más importante y fecundo de estos estudios: el contacto directo con los autores clásicos grecolatinos.

A. MODELOS

Se presentan ahora los modelos más cercanos al concepto de humanidades clásicas, y que estuvieron vigentes durante decenios o siguen vivos en las distintas naciones a nivel de estudios medios de bachillerato y a nivel de estudios superiores:

1. *ALEMANIA*

El bachillerato alemán de humanidades clásicas, o *Gimnasio* es el modelo que duró más de un siglo en Alemania. En el presente es el más avanzado de tres tipos de escuela secundaria alemana.[173] En el curso 2009-2010 había en Alemania 3094 *Gimansios,* con unos dos millones y medio de alumnos, que representaban un 28% del total del alumnado. Más recientemente su número se ha reducido. Dura ocho años, tiene como base el estudio del

---

[173] Los otros dos son: *Realschule* y *Hauptschule.*

latín y del griego. En ellos se estudia también inglés, química y filosofía.

En cuando a *estudios superiores,* la Universidad Libre de Berlín, uno de los más prestigiosos centros académicos de Alemania, ofrece la carrera "Ciencias de la antigüedad", de cuatro años de duración, con estas materias humanísticas destacadas: *filología griega, filología latina.*

Aunque su modelo es de los que más se han acercado al núcleo más importante de las humanidades clásicas -el contacto directo con los autores grecolatinos- dominó en muchos casos una tendencia filológico-realista y sin desarrollar en el estudiante la dimensión humanística de esos estudios, la redacción ni la oratoria. A este respecto comentaba irónicamente W. Jaeger, gran humanista alemán y profesor de griego de la Universidad de Berlín: "Los campeones del humanismo se han perdido en sus filologías y arqueologías; y extraviados con ellas se han mostrado incapaces de probar al mundo la necesidad del humanismo como fuerza creadora."[174]

2. REINO UNIDO
El bachillerato inglés se halla protegido por una Asociación Clásica con un siglo de vida que busca promover la prosperidad de los estudios clásicos en su contexto

---

[174] W. JAEGER, Conferencia de octubre de 1926.

cultural y con su historia; se encarga, además, de alentar su eficacia, mejorar los métodos de enseñanza, estimular sus investigaciones y facilitar la cooperación entre los aficionados de toda la nación.

A nivel de estudios superiores ciertos *colleges* (centros universitarios) de élite ofrecen dentro de las "artes liberales" (concepto afín al de humanidades) tres opciones: o ciencias; o ciencias sociales (... política, sociología, antropología); o humanidades. Éstas abarcan disciplinas de estudios literarios, historiografía, musicología, historia del arte, estudios de teatro... Y materias que estudian estas disciplinas, como literatura, arte, teatro, música...

Cabe destacar en esta área la Universidad de Cambridge, de las primeras del mundo en esta área. Ofrece una carrera de humanidades con una duración de tres años. Entre sus asignaturas pueden mencionarse *estudios clásicos, literatura...* En el mismo Reino Unido la Universidad de Edimburgo desarrolla en dos años una interesante *Maestría en clásicos.*

Reino Unido ha centrado su interés en esta área en el sentido humano de la vida. Esta tendencia ha resultado más educadora y mejor entroncada con la tradición clásica de las humanidades. De esta escuela han surgido grandes humanistas como C. Bailey, C. Bowra, P. Gardner, R. Livingstone..., que han estudiado y reflejado en sus libros interesantes aportaciones de los clásicos grecolatinos.

3. FRANCIA

Bachillerato francés o Liceo: Actualmente el 5% de los alumnos franceses estudian latín y griego. Desde el curso 2019-2020, se ofrece una actualización del Liceo, un modelo de bachillerato humanístico en el que se cursan asignaturas comunes: francés, historia y geografía, moral o civismo, lenguas, deporte y ciencias; y especialidades, con cuatro horas semanales al principio y seis al final de humanidades, literatura y filosofía, arte, física y química.

A nivel universitario la Sorbona ofrece una licenciatura en letras clásicas en tres años. Partes fuertes del programa se centran en el estudio del francés, del latín y del griego. L'École National des Chartes de París tiene abierta para quienes lo desean una maestría en humanidades numéricas, con un acento especial en el latín de diversas etapas históricas: clásico, medieval y moderno.

En este modelo dominó primero el clasicismo tradicional con buenos resultados. Parte de estos logros continúa en el actual liceo francés: los alumnos que se dedican a estos estudios suelen terminarlos y transformarse con su trabajo en personas cultas, metódicas, de mente y más adaptables ante un mundo cambiante. Luego apareció y creció el criterio utilitarista sobre el formativo, con resultados negativos.

4. ITALIA

Italia ofrece a sus alumnos un *Bachillerato o Liceo clásico* que prepara al alumno para los estudios universitarios. Dura cinco años divididos en dos ciclos: el primero de dos años y el segundo de tres. El estudio del latín y del griego con sus literaturas respectivas es obligatorio. A esas lenguas se añade italiano, lengua moderna, filosofía, historia, historia del arte, matemáticas, física. Cuidan con particular esmero la redacción y la expresión oral durante los cinco años.

A nivel universitario se considera "La Sapienza" de Roma una de las primeras universidades por su prestigio en estudios clásicos en todo el mundo. Ofrece en tres años una licenciatura en clásicos e historia antigua. Además, la Universidad de Bolonia incluye en sus programas una maestría en humanidades digitales en dos años.

Es uno de los mejores bachilleratos humanísticos del presente. Su liceo clásico, con tres años dedicados a las lenguas clásicas, filosofía y ciencias, equilibra en buena medida los contenidos clásicos, culturales y expresivos que, bien armonizados, dan como resultado mentes abiertas al humanismo clásico, a una cultura universal y al campo de la expresión oral y escrita, tan necesaria para una persona culta y práctica.

5. *ESPAÑA*

Ya en el siglo XXI, *entre las varias modalidades de bachillerato,* España ofrece a sus estudiantes el bachillerato de humanidades y ciencias sociales. Desde un año antes, en 4° de la E.S.O. (Enseñanza Secundaria Obligatoria), estudian cultura clásica, y en los dos años de bachillerato tienen, entre otras disciplinas, cuatro horas semanales de latín y, como materia opcional, cuatro horas semanales de griego.

A nivel universitario hay ofertas serias y variadas en la Universidad Complutense de Madrid, con su carrera en filología clásica que en cuatro años profundiza en lenguas y literaturas clásicas (latín y griego), historia, arte e instituciones grecorromanas. También la Universidad Autónoma de Madrid ofrece Ciencias y lenguas de la Antigüedad, una carrera de cuatro años centrada en las lenguas clásicas, historia, literatura, arte y arqueología. Otro tanto brinda la Universidad de Salamanca, con su carrera en Filología clásica, de cuatro años de duración.[175]

---

[175] En América Latina, varias universidades tienen en sus ofertas sendas carreras de humanidades en cuatro años: la *Universidad Nacional*

Hasta la reforma de la enseñanza de 1970 los programas académicos eran generosos en el estudio del latín y del griego en el bachillerato y en la universidad para poner al alumno en contacto con los autores clásicos de Grecia y Roma con buenos resultados. Posteriormente aumentó la oferta educativa y disminuyeron los centros y las carreras de humanidades en las universidades, sin dedicación particular al campo de la expresión. Aunque hoy existen centros -de enseñanza media y universitarios- con tendencia y contenidos humanísticos, los frutos son en el presente menores que en el pasado.

6. *ESTADOS UNIDOS*

Durante el bachillerato o High School el estudio de las lenguas clásicas es una opción reducida dentro de los idiomas que el alumno puede elegir. Hay algunos centros -como la escuela clásica San Jerónimo en Maplewood MN- que ofrecen el estudio del latín y del griego con un buen nivel del profesorado y un número

---

Autónoma de México, con una licenciatura en Letras clásicas de cuatro años que organiza las materias en cuatro áreas: lenguas, literaturas, historia y cultura, docencia e investigación. La *Universidad de Guadalajara* ofrece: etimologías griegas y latinas, taller de lectura y redacción, principios de filosofía, de antropología e historiografía. Y en la *Universidad de Concepción* (Chile) se puede cursar un título universitario de bachillerato en humanidades. Las principales asignaturas son: filosofía, historia, literatura, estilo o redacción, inglés.

pequeño de estudiantes que eligen esta opción; y en ocasiones optan con cierto éxito por el latín como lengua diaria y con algún método más atractivo.

A nivel universitario ha destacado el programa de humanidades de las universidades de Harvard y de Princeton, de las más prestigiosas de la nación. La primera ofrece en cuatro años en su Escuela de letras o de humanidades estudios universitarios de filosofía, religión, latín y griego.[176] La segunda brinda una Licenciatura en artes en cuatro años con mejores contenidos humanísticos: clásicos (historia, literatura, arte, filosofía), en traducciones.[177] Además, hacia el año 1920 nace la iniciativa de los *Great Books of the Western World (Grandes*

---

[176] Vale la pena destacar la flexibilidad de los programas en las distintas carreras, pues el alumno puede crear su propio itinerario académico de 4 años (8 semestres, 4 ó 5 cursos por semestre), y en el primer año estudia lo que quiere. Tiene como disciplinas obligatorias en esta carrera de artes liberales: a. Cuatro cursos de educación general; b. Un curso de humanidades; c. Uno o dos cursos de estilo en inglés; d. Dos cursos de otro idioma; e. Un curso de ciencias sociales; f. Un curso de ingeniería. Elige además algunas materias optativas y las de su especialidad.

[177] Las ocho universidades estadounidenses de parecida aristocracia intelectual que conforman la "Ivy League" *(Liga de la hiedra)* son, por orden alfabético: Brown, Columbia, Cornell, Dartmouth, Harvard, Pensilvania, Princeton y Yale. No solo estas universidades de mayor prestigio ofrecen programas de humanidades. Frecuentemente lo hacen también otras

libros del mundo occidental), puesta en marcha por el profesor John Erskine, de la Universidad de Columbia. Funda toda la educación en la lectura de una selección de libros, considerados 'clásicos' y base esencial de la cultura literaria occidental. La han adoptado diversos institutos de educación superior.

Al principio los estudios humanísticos de Estados Unidos estuvieron bien orientados y con frutos notables en su clase dirigente. En cuanto a los *Grandes libros,* si bien es laudable el contacto directo con los autores, que abre las mentes de los alumnos a escritores y pensadores importantes, ayuda a escapar de la tiranía del presente y estimula la curiosidad, tienen como límites el que usan poco las lenguas originales, la selección nunca convencerá a todos, falta una representación más equilibrada de las distintas naciones de Occidente y una mejora del contexto y de la interpretación de los autores. Esta selección, además, lleva a una especie de relativismo implícito, pues concede la misma importancia a todos los autores seleccionados. No es suficiente leer los textos sin glosa, sino que han de complementarse. Este sistema ha decaído en las universidades desde la década de 1960.

---

muchas universidades estadounidenses, entendiendo y organizando cada una a su modo las disciplinas que consideran humanísticas.

En síntesis, cuanto mayor sea el contacto con los autores clásicos grecolatinos y más se profundice en la dimensión humanística de los mismos, de mayor calidad será el fruto de los estudiantes de humanidades. Y cuantas más asignaturas se incluyan en la oferta educativa bajo el título de humanidades -solas o con otros adjetivos...- menor será el fruto que extraigan los alumnos de tales programas. Al final, la decisión de incluir y detallar los programas de humanidades va a depender de preferencias y orientaciones diversas, según los idearios e intereses de los centros académicos.

B. PROPUESTAS

Como puede verse, aunque sea necesaria y redituable la diferenciación de diversas disciplinas dentro de las ciencias humanas, el sentido originario de las humanidades clásicas se encuentra cada vez más ausente en las actuales ofertas educativas en educación media y superior. Por lo mismo, se hace particularmente necesario presentar *algunas propuestas* que se pueden aplicar de modo distinto y flexible, según se trate de estudios medios, de estudios universitarios, de estudios eclesiásticos o de estudios de posgrado.

Sería ideal un bachillerato clásico elemental de larga duración para todos los alumnos y, si fuera de más corta duración, con una clara orientación humanística. No se trata de presentar las humanidades clásicas como única forma de educar a todos los alumnos, pero sí como una forma privilegiada de obtener elevados resultados humanísticos y académicos.[178]

Ante la creciente diversidad de ofertas educativas del presente que muy frecuentemente ven la educación como un instrumento para producir más y mejores bienes de consumo e inculcan la primacía de lo económico, las propuestas que siguen a continuación nacen de la necesidad nuevamente sentida de *volver a lo esencial,* es decir, de defender al hombre en su dignidad y en su crecimiento interior, aclarar lo que es bueno y mejor para él y lo que lo deshumaniza y cosifica.

Concreto ahora diversas propuestas para introducir las disciplinas de las humanidades clásicas en el programa académico de la educación media y superior, con algunas modalidades distintas en cantidad e intensidad. El programa de humanidades aparecerá, así, como un modelo flexible y ajustable a los diversos estudiantes, según su nivel de formación y la orientación más concreta que elija -la nación, el centro o el alumno...- para sus estudios de bachillerato y su formación universitaria.

---

[178] Cf. CAYUELA Arturo, *Humanidades Clásicas,* Zaragoza 1940, p. 637.

1. Bachillerato de humanidades

Es el mejor por ser el más básico y el que encuentra al alumno mejor dispuesto para estudiar y asimilar los ideales y valores de las disciplinas propias de las humanidades clásicas. Sería de desear que empezara desde el inicio de la educación secundaria y se extendiera a los años del bachillerato nacional. Así el estudiante podría contar con unos cinco años para profundizar armónicamente en los tres sectores o módulos de las humanidades clásicas, dedicando a cada uno de ellos durante todos estos años aproximadamente una tercera parte de las clases semanales. Sobre un número de veinte clases semanales, podría haber siete para el sector o módulo clásico (cuatro para el latín, tres para el griego), siete para el sector o módulo cultural, (principalmente para historia, literatura y arte universales, aunque se pueden añadir oportunamente otras materias como matemáticas, física, química, ciencias naturales, computación) y seis para el sector o módulo expresivo (gramática y redacción y oratoria, más el estudio continuado de un idioma moderno). El resultado responderá a la aplicación del principio pedagógico que busca profundizar en menos materias, más que dispersarse en muchas. Con este bagaje humanístico, el estudiante se verá enriquecido con un pensamiento crítico, una cultura universal envidiable y una capacidad expresiva cultivada. Y estará dispuesto a afrontar cualquier carrera y profesión con dignidad y competencia.

2. Bachillerato de ciencias

Contando con la misma cantidad de años a partir de la educación secundaria (cinco) y la misma cantidad de clases semanales (veinte), se pueden reservar cinco clases semanales para las disciplinas de los tres sectores o módulos de las humanidades: el clásico, el cultural y el expresivo, ofreciendo a los estudiantes de un modo más sintético los contenidos de las humanidades y aproximadamente con esta proporción: dos clases para el sector clásico, dos para el sector cultural, una para el expresivo. El sector clásico ofrecería cultura clásica, etimologías griegas y latinas, seminario clásico. El cultural: historia, literatura y arte *universales;* y el expresivo: gramática y redacción y oratoria. Esta modalidad muestra que es posible, beneficiosa y deseable una alianza integradora -y no una oposición- entre ciencias y humanidades. Y este es un gran fruto. Los otros frutos serían algo menores que los de un bachillerato humanístico por la menor cantidad de horas dedicadas a las humanidades, pero tendrían unas bases humanísticas importantes que siempre podrían enriquecer en el futuro, valorarían más la cultura universal, apreciarían más el campo de la expresión escrita y oral y habría una mayor homogeneidad en todos los estudiantes (de humanidades y de ciencias) y, así, con el tiempo, en todos los ciudadanos. Es deseable buscar una mutua comprensión entre letras y ciencias, puesto que belleza y verdad son hermanas. Y de este modo podría alcanzarse este doble objetivo en un bachillerato de ciencias.[179]

3. Curso de humanidades

Como puede resultar más difícil concebir y organizar el bachillerato de ciencias enriqueciéndolo con los contenidos de las humanidades clásicas durante cinco años, otra fórmula podría ser dedicar un año solo -el último- a las humanidades clásicas en sus tres sectores o módulos: el clásico, el cultural y el expresivo. Partiendo de las veinte clases semanales, se dedican siete al sector clásico y aquí se estudia con la profundidad que sea posible: cultura clásica, etimologías griegas y latinas y, de un modo más detenido, seminario clásico. Se destinan

---

[179] Ha surgido recientemente un *Bachillerato internacional* que prioriza el pensamiento crítico, la educación personalizada y la solución de problemas complejos. Es una vía de acceso preferente en muchas universidades. Ofrece un itinerario flexible y actualizado. Cuenta con 5.400 centros en 158 países. La mayoría son centros públicos, la minoría privados. En España se graduaron 3.827 en mayo de 2021. Ofrece cinco materias troncales: lengua materna, lengua extranjera, matemáticas, una materia de humanidades y una materia de ciencias. Y entre las opcionales: arte, segunda lengua extranjera, otra materia de humanidades o ciencias. Además, los alumnos han de cursar: teoría del conocimiento: pensamiento crítico y proceso del conocer. El examen final es idéntico en todo el mundo, con corrección o evaluación externa. (*El País,* 5 de agosto de 2021).

siete unidades semanales al sector cultural: historia, literatura y arte universales; y seis al sector expresivo: gramática y redacción, oratoria y lengua moderna. Las ventajas de esta propuesta son, entre otras: los estudiantes se centran solo en las humanidades clásicas durante todo un año, por la edad y los hábitos de estudio son más receptivos, valoran y asimilan mejor los contenidos que se les ofrecen y adquieren una madurez humana e intelectual importante que enriquece todos los conocimientos previos y van mejor preparados para la carrera universitaria que elijan y la profesión que ejerzan en la sociedad.

Esta modalidad puede aplicarse así también a *jóvenes seminaristas al final de su bachillerato* y antes de iniciar sus estudios superiores de filosofía y teología. Y ganaría mucho más si, en vez de ofrecerse en un año, se extendiera a dos. En este caso sí valdría la pena un cambio importante en el sector o módulo clásico: se dedicaría el primer año a estudiar el latín y el griego como idiomas -introduciendo en este estudio, también como fuentes de interés, las etimologías griegas y latinas- y al seminario clásico; y en el segundo año se iría -en la medida de las posibilidades del alumnado- a los textos originales de los autores -o en traducciones- para profundizar en los ideales y valores de los clásicos con el trabajo de las traducciones y con el seminario clásico. Habría que impartir también las asignaturas propias del sector o módulo cultural y las del sector o módulo expresivo, según lo detallado en el capítulo 5 de este libro.

4. Humanidades en una carrera científica

Partiendo de unas veinte horas semanales de clases, se pueden destinar cinco (una cuarta parte) a las disciplinas de las humanidades clásicas: dos al sector o módulo clásico (etimologías griegas y latinas, seminario clásico), dos al sector o módulo cultural (historia, literatura y arte universales), y una al sector o módulo expresivo (gramática y redacción, y oratoria). Los contenidos deben expresarse de un modo más esencial, procurando desentrañar los diversos valores de los autores, los períodos y las obras que se vayan analizando en clase. De este modo es más sencillo suscitar el interés de los estudiantes, se les abren horizontes culturales universales y progresan en el pensamiento crítico, el gusto por la cultura, el cultivo de la expresión escrita y oral.[180]

5. Humanidades en una carrera humanística

El programa es análogo al de las humanidades en una carrera científica. Se dedica una cuarta parte de las clases semanales a las disciplinas propias de las humanidades clásicas, particularmente a las del sector o módulo

---

[180] En este contexto de carreras universitarias científicas vale la pena recordar el pensamiento de Allan Bloom, profesor de la Universidad de Chicago: "La universidad debe ser ante todo el *"hogar de las humanidades"*; el estudio de la cultura elevada, en particular la de la Grecia clásica, debería proporcionar el modelo para todo avance moderno." *(The Closing of the American Mind,* Penguin 1988, p. 301).

clásico. Si la carrera estudiada es alguna de las del sector cultural (historia, literatura y arte universales), se pueden tomar algunas de las unidades de este sector para potenciar el clásico o el expresivo. Para potenciar el sector clásico se puede profundizar sobre todo en el seminario clásico, analizando con profundidad en traducciones las obras de los principales autores de la literatura clásica grecolatina: Homero, Platón *(Diálogos)*, Sófocles, Tucídides, Demóstenes; Cicerón, Virgilio, Horacio, Tito Livio, Tácito, Séneca.

6. *Humanidades en una carrera eclesiástica*

Conviene grandemente que quienes estudian filosofía y teología como preparación para el sacerdocio tengan un conocimiento profundo del corazón humano y de las más importantes aportaciones culturales de la historia, un dominio suficiente de las lenguas clásicas -que son también lenguas oficiales de la Iglesia- y alcancen un dominio serio del arte de leer, escribir y hablar por la necesidad de todos estos elementos en quienes van a ser pastores de almas y predicadores del evangelio en un mundo fragmentado, tecnificado, exigente y en continua transformación. Más aún: es necesario para dignificar la misión del sacerdote, dar más peso a su palabra y elevar la cultura de los futuros sacerdotes y, así, también de los fieles. Las humanidades pueden aportar estos conocimientos y aptitudes.

A lo largo de los cinco años de formación filosófico-teológica pueden reservarse una quinta parte de las clases semanales (cuatro unidades de veinte) para los tres sectores de las humanidades: dos para el clásico, una para el cultural, una para el expresivo. En las dos unidades del sector clásico los alumnos pueden dedicarse al conocimiento del latín y del griego, al seminario clásico y a las etimologías; en las del sector cultural pueden recibir una síntesis de historia, literatura y arte universales; en las del sector expresivo pueden recibir una teoría sencilla y esencial de oratoria (homilética), estilo y lectura y dedicarse durante todos estos años especialmente a analizar modelos y a ejercitarse en el arte de la palabra hablada y escrita, incluyendo los sistemas de las plataformas digitales. Al final habrá una buena ventaja en su vida y ministerio y saldrán ganando ellos y todas las personas que encuentren en su ministerio sacerdotal por su empatía y capacidad de escucha, por su amplio bagaje cultural y, sobre todo, por el empleo profesional y eficaz de la palabra escrita y hablada en todas sus modalidades, particularmente en las homilías.

7. Carrera de humanidades

Si las humanidades se estudian como carrera, lo importante es no perder lo esencial: el contacto con los ideales y valores de los autores clásicos grecolatinos. Este contacto puede ser directo, a través de los textos originales. Para ello conviene dedicar los dos primeros años (o los dos últimos, según se vea más oportuno) a poner las bases necesarias para la comprensión de las obras en su lengua original; y profundizar en los dos últimos (o en los dos primeros) en las obras de los principales autores en su lengua original. En la elección de los autores conviene tener presentes algunos de estos géneros literarios: un poeta (Homero), un historiador (Tucídides), un filósofo (Platón), un trágico (Sófocles) y un orador (Demóstenes), en griego. Y en latín: un poeta (Virgilio), un historiador (Tito Livio o Tácito), un orador (Cicerón), un filósofo (Séneca).

Como frutos de esta carrera cabe mencionar, entre otros: la apertura universal a todo lo humano, el pensamiento crítico, el interés por la cultura universal, la voluntad de producir y progresar en la expresión escrita y oral.

8. Maestría en humanidades

Contando con menos años que una carrera y cursándose después de esta, conviene programar para dos años las disciplinas de las humanidades clásicas en sus tres sectores o módulos: el clásico, el cultural y el expresivo. De las veinte clases semanales, para manifestar la importancia de cada uno de los tres sectores, conviene dedicar siete al sector clásico (etimologías, seminario clásico y -si alguno se atreve- aprendizaje del latín y del griego), siete al sector cultural (historia, literatura y arte universales) y seis al sector expresivo (gramática y redacción y oratoria). Conviene dar gran importancia al seminario clásico, pues allí se descubrirán los ideales y valores del humanismo grecolatino, las costumbres de la época, la organización familiar, social y política, los hombres y mujeres que forjaron esa cultura... Como se cuenta ya con la cultura que da una carrera, el sector cultural servirá para abrir unos horizontes más universales y colocar en su sitio cada conocimiento y acontecimiento, y el sector expresivo será un campo en el que siempre se puede progresar, conscientes de que al final solo sabemos bien lo que podemos expresar con claridad, elegancia y eficacia.

CONCLUSIÓN

Las páginas que anteceden han buscado describir términos como educación, humanismo y humanidades. Han presentado un recorrido histórico de la educación en Occidente y de la parte que en la misma han jugado las humanidades. Han resaltado los valores y los frutos de los autores clásicos grecolatinos. Han presentado una metodología útil -aunque no la única- para su estudio. Han ofrecido y desarrollado una experiencia concreta. Y han sintetizado, por último, unos modelos y ofrecido unas propuestas para estudios de bachillerato, de carreras universitarias y de posgrados.

Más allá de polémicas o añoranzas de épocas y tiempos pasados de mejor acogida de las humanidades, el autor, al concluir este estudio, desea proponer tres sugerencias concretas: la primera a los responsables de los programas académicos, la segunda a los profesores, la tercera a los estudiantes.

Conviene que los programas académicos tengan en cuenta dos virtudes: la prudencia y la amplitud de horizontes. La prudencia considera los beneficios y las consecuencias de las decisiones que se siguen en el campo de la formación intelectual de los alumnos. Analiza y pondera los resultados de los distintos programas educativos. Si desea *formar hombres,* la historia demuestra -si bien no en todos los casos-, que las humanidades clásicas han sido un instrumento muy apto por los ideales y valores que han promovido. Los personajes históricos que se han beneficiado de su formación han enriquecido a sus naciones con las aportaciones de sus talentos y la amplitud de sus horizontes. Si desean continuar obteniendo frutos elevados en la formación de sus alumnos, las humanidades clásicas pueden cooperar, con las demás disciplinas, y proporcionarlos en el presente y en el futuro.

Los profesores han sido piezas fundamentales en la enseñanza de las humanidades clásicas y en el surgir de grandes personalidades en ese campo y en otros. Los buenos gobernantes han descubierto su importancia y reconocido su vocación en la construcción de una sociedad culta y los han sabido valorar y promover ante la sociedad y remunerar adecuadamente. Las claves de su tarea han sido su preparación, su entusiasmo, su paciencia, su visión de futuro y *la apertura de horizontes universales* a todos los alumnos. Esa será su mayor aportación a la sociedad.

Los alumnos, en su labor de aprendizaje, alcanzarán una elevada formación en la medida en que entren en contacto con ideales y valores de los mejores educadores en los distintos campos del saber. *En el difícil aprendizaje de ser hombre, los autores clásicos grecolatinos tienen una palabra sabia y oportuna,* que se ha revelado de gran utilidad en el pasado y en el presente. Ellos nos enseñan que más allá de la utilidad económica -necesaria, pero que frecuentemente se sobrevalora y llega a exclusivizarse- está *la social, la intelectual y la moral,* tan relevantes en el pasado y tan urgentes en nuestros días. Los clásicos liberan de la esclavitud de lo inmediato, nos colocan en la dimensión de una utilidad superior, amplían nuestra mirada y preparan para volar con alas propias.

BIBLIOGRAFÍA

AUTORES Y OBRAS CITADOS

AHMARI Shorab, *Unbroken Thread - Discovering the Wisdom of Tradition in an Age of Chaos*, 320 pp.

ANDRADE M., *La enseñanza e investigación en humanidades en: "Literatura: Teoría, historia y crítica"*, 2015.

BARBERÁ Mario, S.I., *La Ratio Studiorum*, CEDAM, Padova 1942.

BAILEY Cyril, *El legado de Roma*, Pegaso, Madrid 1947, 730 pp.

BAINE A., *La ciencia de la educación*, Madrid 1915.

BÉCQUER G.A., *Rimas*, 1871.

BLOOM Allan, *The Closing of the American Mind*, Penguin 1988.

BOD Rens, *A New History of the Humanities*, Oxford University Press, London 2013, 384 pp.

BONCOMPAGNO, *Rhetorica antiqua*, Bolonia, hacia 1300.

BOWRA C., *La Aventura Griega*, Guadarrama, Madrid 1960, 278 pp.

BRICE J., *Latin and Greek in American Education: with Symposia on the Values of Humanistic Studies*, 1 Agosto 2012.

CATHOLIC ENCYCLOPEDIA, 1913.

CAYUELA Arturo, S.I., *Humanidades Clásicas*, Zaragoza 1940, 826 pp.

CONGREGACIÓN PARA LA EDUCACIÓN CATÓLI-CA, *Ratio Fundamentalis Institutionis Sacerdotalis* 2019.

COWAN Louise, *The Necessity of the Classics* en: *First Principles*, 5 de febrero de 2008.

CRANE Gregory, *Bad News for Latin in the U.S., worse for Greek*, Nota de 2015.

CURTIUS E. Robert, *El humanismo como iniciativa*, Revista de Occidente n. 109, 1932, pp. 11-13.

Ensayos críticos sobre literatura europea, Seix Barral, Barcelona 1972.

CHARMOT F., *La Pédagogie des Jesuites*, París 1943.

DANTE, *Divina Comedia*, 1472.

DE LA FUENTE J., *Humanidades y educación* en: "Revista chilena de Literatura" (84) 2013.

DESROSEAUX, *De l'utilité des études classiques pour les jeunes français"*, en: *Bulletin de l'Association Budé*, 1927.

ENCICLOPEDIA BRITANNICA (Micro- y Macropaedia), 15ª. Edición, 2007.

ENCICLOPEDIA ESPASA CALPE, 2004.

ENCICLOPEDIA EUROPEA GARZANTI, 1979.

ENCICLOPEDIA G.E.R., 1991.

ENCICLOPEDIA HISPÁNICA, 1994.

ERASMO DE R., *Enchiridion militis christiani*, 1503.

GARCÍA GUAL Carlos, *Avisos humanistas*.

GERSON Juan, *Obras*.

GOETHE, *Gespräche (Conversaciones)* 1823-1832.

GRAFTON A., MOST G., SETTIS S., *The Classical Tradition*, Harvard 2010, 1067 pp.

HANSON V. y HEATH J., *Who killed Homer?*, Encounter Books, New York 2001.

HEGEL G.W.F., *De lo bello y sus formas*.

HERNÁNDEZ DE LA FUENTE David, *Más Logos y menos populismo*, La Razón, 29 de julio de 2021.

HOWARD BLOCH R., *Good Uses of the Humanities in Bad Times*, Humanities Program, Yale U., Read 17.Nov.2011.

JAEGER W., *Paideia*, Fondo de Cultura Económica, México 1990.

      Conferencia de octubre de 1926.

JAY Paul, *How not to Defend Liberal Arts*, Inside Higher Education, 27.Oct.2014.

JOHNSON B., *The Real Reason to Study the Classics*, Economist, 30.Abr.2020.

KANT Immanuel, *Lecciones de ética* (1775-1781).

KAVAFIS Konstantinos, *Poemas*, 1911.

KEATS, *A una urna griega*, 1819.

KOPFF Christian, *The Devil knows Latin, Why America Needs the Classical Tradition*, ISI Books, Wilmington 2001, 327 pp.

RISTELLER O., *El pensamiento renacentista y sus fuentes*, Fondo de Cultura Económica, México, 1993.

LEITHART Peter, *The New Classical Schooling*, en: *First Principles*, 13.Ene.2015.

LEÓN XIII, Encíclica *Aeterni Patris*, 4 de agosto de 1879.

LIVINGSTONE R., *El legado de Grecia, Literatura,* pp. 366-367, Pegaso, Madrid 1976, 587 pp.

LÓPEZ CABALLERO, *Razón y Fe* nn. 824-825, septiembre-octubre de 1966.

LOYOLA (de) Ignacio S., *Cartas.*

LLANO Alejandro, *Actualidad del humanismo clásico* en: *Humanitas* n. 21, Verano de 2001.

LLEDÓ Emilio - ORDINE Nuccio, *El utilitarismo de la enseñanza,* Reencuentro en Madrid, *El País,* 20 de septiembre de 2021.

MARAÑÓN Gregorio, *Obras Completas,* Espasa-Calpe, I, 1968.

MARROU Henry-I., *Historia de la educación en la antigüedad,* Akal/Universitaria, Madrid 1985.

McDERMOTT John, *Why Study Latin and Greek?,* Homiletic and Pastoral, 18.Feb.2012.

MÉNDEZ PLANCARTE Gabriel, *Los fundadores del humanismo mexicano,* 1945.

MENÉNDEZ PELAYO M., *Historia de las ideas estéticas,* Tomos I-V, 1883-1891.

MESA José Alberto (Ed.), (M. Paed. I, 475) en: *La Pedagogía Ignaciana,* Mensajero-Sal Terrae, Bilbao 2019, 703 pp.

MURRAY Gilbert, *El valor de Grecia para el futuro del mundo,* en: R. LIVINGSTONE, *El legado de Grecia,* Pegaso, Madrid 1976, 587 pp.

NESTLE Wilhelm, *Historia del espíritu griego,* Ariel, Barcelona 2001, 388 pp.

NIETHAMMER F.I., *La polémica entre el filantropinismo y el humanismo en la teoría de la enseñanza y la educación de nuestro tiempo*, 1808.

NIETZSCHE Friedrich, *Aurora*, 1881.

ORTEGA C. Alfonso, *Las humanidades clásicas en nuestra cultura*, Conferencia, 7 de diciembre de 1970.

PERCY GARDNER, *Las lámparas del arte griego* en: R. LIVINGSTONE, *El legado de Grecia*, Pegaso, Madrid 1976, 587 pp.

PEREIRA B., *Ratio Studendi*, 1564.

POLANCO, *Cartas*, 10 de agosto de 1560.

RIVERO Agustín, *¿Qué son hoy las humanidades y cuál ha sido su valor en la universidad?*, en: *Scielo Analytics*, Vol.42, no.167 Ciudad de México, julio-septiembre de 2013.

SALINAS Pedro, *Aprecio y defensa del lenguaje*, en: *El defensor*, Alianza, Madrid 1967.

SCHMIDT Benjamin, *The Humanities (Majors) are in Crisis* en: *The Atlantic*, 23.Ago.2018.

SILES Jaime, *Las Humanidades enseñan...*, ABC, 27 de diciembre de 2014.

SNELL Bruno, *Las fuentes del pensamiento europeo*, Razón y Fe, Madrid 1965, 409 pp.

TOYNBEE A., *My View of History*, 1947.

TRUEBA O. Alfonso, *La Expulsión de los Jesuitas, o el Principio de la Revolución*, Jus, México 1950.

VARIOS, *La enseñanza de las lenguas clásicas*, Ministerio de Educación Nacional, Madrid 1963, 267 pp. (Traducción de *The Teaching of Classics*, Cambridge U.P.).

VARIOS, *Perfícit,* Revista de humanidades clásicas de la Compañía de Jesús en Comillas, España.
VARIOS, *Ratio Studiorum de 1599.*
WAGNER Nack, *Grecia,* Labor, Barcelona 1966, 468 pp.
WATSON Peter, *Historia intelectual del siglo XX,* Crítica, (Cap. 41), México 2019, 965 pp.

OBRAS CLÁSICAS CITADAS

AGUSTÍN S., *Confesiones.*
ARISTÓTELES, *Retórica, Política.*
AULO GELIO, *Noctes Atticae.*
BASILIO S., *Sobre la literatura clásica, Homilía XXIII.*
CICERÓN, *Obras.*
HERÁCLITO, *Fragmentos.*
HOMERO, *Ilíada, Odisea.*
HORACIO, *Obras.*
JUVENAL, *Sátiras.*
MARCIAL, *Epigramas.*
MARCO AURELIO, *"Para sí mismo" (Meditaciones).*
MÁXIMO DE TIRO, *Disertaciones.*
OVIDIO, *Metamorfosis.*
PLATÓN, *República, Apología de Sócrates, Fedón, Fedro.*
PLINIO EL VIEJO, *Historia natural.*
PLINIO EL JOVEN, *Cartas.*
QUINTILIANO, *Instituciones oratorias.*
RUTILIO NAMACIANO, *Sobre su regreso.*
SÉNECA, *Cartas a Lucilio.*

SÓFOCLES, *Edipo Rey, Antígona, Edipo en Colono.*
TERENCIO, *Heautontimoroúmenos.*
TITO LIVIO, *Ab Urbe Condita.*
TUCÍDIDES, *Historia de la guerra del Peloponeso.*
VIRGILIO, *Obras.*

www.ingramcontent.com/pod-product-compliance
Lightning Source LLC
Chambersburg PA
CBHW071607150726
48000CB00004B/1621